1971

ON READING

MARCEL PROUST

ON READING

Translated and Edited by
Jean Autret and William Burford
With an Introductory Note by
William Burford

A CONDOR BOOK

SOUVENIR PRESS (EDUCATIONAL AND ACADEMIC) LTD

Printed in Great Britain by
Fletcher & Son Ltd, Norwich

Introductory Note

ⅠN HIS BOOK on Proust, *Du côté de chez Proust,* a title
that reflects the metamorphosis of the writer of *A la recherche
du temps perdu* into the legendary proportions of his own nov-
elistic creation, François Mauriac tells the story of his first
experience of Proust, of coming across Proust's translation
of Ruskin's *Sesame and Lilies* in 1906, when Mauriac was
twenty-one and at the beginning of his creative life. Reading
Proust's Preface, "*Sur la lecture,*" to the translation, Mauriac
was astounded, as he says, to feel himself suddenly "on the
frontier of an unknown country." This is an effect every
writer would ideally wish to have on his readers, and it is
precisely what Proust himself, as he describes the influence
of certain books on his life in this essay, experienced in those
secret and magical hours of reading during his childhood
that initiated the subsequent, though long-delayed, fruition
of his own creative powers.

"On Reading" may justly be said to represent the first ma-
ture announcement of Proust's vocation as a writer. When he
wrote it in 1905 and published it in the magazine *Renaissance
latine,* before its appearance in somewhat expanded form as
the Preface to his Ruskin translation, Proust was thirty-four,
a rather late age for a true beginning. He had previously published two other books, *Les Plaisirs et les Jours* in 1896 and
an earlier translation with Preface of Ruskin's *The Bible of
Amiens* in 1904; and we also know that he had worked on a
novel which he abandoned and which was not discovered
and published as *Jean Santeuil* until a number of years after
his death. There are signs in these earlier works of certain
Proustian themes and of the style that Proust would bring to

full expression in his great novel; but as Proust realized, he could not at that time find his way to "the essence of things," as he speaks of it in *Le Temps retrouvé*, where he describes how he found this essence in a now famous episode of this last volume of *A la recherche* that takes place in the library of the Prince de Guermantes. One of the most significant stages in Proust's long quest for the truth, or *his* truth—the illuminating moment of certainty and creative action without which he knew he could not get his work as a writer under way—is recorded in "On Reading."

This inner drama of Proust's artistic vocation can be followed in his worship of Ruskin during those years when Proust was not yet his own man, as it were, and in his gradual freeing of himself from letting this other man do the work which Proust could not, or would not yet, do by his own strength, or according to his own vision, however partially granted to him at that time. "On Reading" is psychologically and aesthetically an act of independence on Proust's part, a statement of his trust in his own instincts and ideas, a turning to the rich field of an inner life from which he would never afterward retreat but progressively explore in ever greater depth and proliferation, with results which all readers of modern literature know. Though Proust was never so common as to cast off entirely a former master, still it was necessary for him, in this second of his Ruskin prefaces, not so much to pay tribute to Ruskin as to depict what for Proust was the experience of "the psychological act called reading," whose enticements are eagerly followed by the bookish and impressionable child but are ultimately to be resisted or transformed by the man, for reasons which Proust carefully gives here, especially by the man who wishes to be a creator himself and who therefore must turn books to his own account. Proust is, of course, reflecting a judgment upon himself, upon the laziness of his will which would surrender to passive immersion in other men's books—until quickened to write his own book. Thus, as Proust recounts it, there was for him,

and should be for every reader whose task is the creation of a life, if not a novel, a kind of healthy combativeness as well as enthusiastic delight in the experience of reading.

In addition to, yet also connected with, the insight into Proust's, and to a degree all, creative development that "On Reading" gives, there is another fascination—one that comes, perhaps, not with the astonishment of our suddenly discovering ourselves in an unknown country that Mauriac experienced on first encountering the Proustian sensibility and style (which we now expect, though never entirely). this is the fascination and the pleasure of being in the presence of a purity of observation, an absolutely fresh start, as it were, before both the outer and the inner worlds, that Proust almost never spoils, even though he is describing these things in order to draw certain lessons from them, even when they are serving his already highly developed powers of analysis. So unexpected—and yet at the same time expected of him once he has introduced us to it—so valuable is this purity to us, that when Proust does violate it, if only for a moment, we are immediately sensitive to its loss. In "On Reading," between his descriptions of two rooms he had occupied (and here are virtually the first of those extraordinary Proustian rooms), whose secret life, whose profound unfamiliarity, as Proust evokes them, is what attracts and absorbs him, and us with him–when he injects the remark that he likes to feel "plunged in the depths of the non-ego," we seem faced with an almost pretentious lapse into the second-hand, in terminology, at least, if not in ideas. (Or were such terms still fresh in 1906?) And then we recognize that at this very moment, Proust is on the track of what later in *A la recherche* becomes his discovery of involuntary memory, superior for his purposes to a consciously willed effort to remember. In "On Reading," before memory, before recovery of the past had yet grown quite so pressing for him as they would be in his novel, we might call what Proust desired, involuntary *knowledge*, or in his own words from the same place in the essay, a sense of life "where

I would recognize nothing of my conscious thought." In his own way Proust is a descendant of Descartes, to whom he refers in "On Reading" as a rather dry thinker—Descartes who found himself alone in a strange room with a stove, where all he thought he knew for certain now seemed to him uncertain, and he had to begin thinking again from scratch, as it were, if he were honestly to know anything true. Proust's rooms were much less bare than Descartes', and unlike Descartes' dualism of mind and matter, Proust's thought attaches itself to, rather than separates from, a world of multitudinous objects through which Proust realizes himself. And Descartes, beginning with the shock of the unfamiliar, ends by restoring almost all that beforehand was his known world—whereas Proust moves further and further into exploration. But then does not Proust also, in his huge novel, perform a heroic task of recovery of all that was lost to him (and perhaps to us), though the nature and content of the loss are different from Descartes' God—or so it appears on the surface—and Proust employs a different method of restoration.

In this essay of 1905, we can read with an almost pure pleasure of discovery, or rediscovery, of a self that we did not quite remember we had before reading, and which Proust did not quite know that he had until he wrote of it. The creation of this reawakened self was his purpose.

In translating "On Reading," we have followed, hopefully, a direction which Proust himself suggests in the essay, when he describes his pleasure in reading seventeenth-century French literature, where the sentences contain not only the thought of such writers as Racine and Saint-Simon but also the beauty of the "very matter, I mean the language in which they were written," and which "preserve[s] the memory of usages and ways of feeling that no longer exist, persistent traces of the past which nothing in the present resembles." We are not as far away, in actual counted years, from the 1905 of Proust as he was from the seventeenth century of Racine, and yet one has only to read Proust's French, which is printed

here with the translation, to realize that between the world of 1905 and the language in which Proust reflected it, and our immediate present, there is a world of time, which a thorough-going modern prose of 1971 would leave hardly any trace of; and to leave the trace of time was, after all, Proust's desire. This present translation seeks to give the tone and rhythm in English of Proust's French, so far as that is attainable, and not to turn Proust into a contemporary American or English writer. In this year of the centenary of his birth in 1871, Proust is being celebrated as one of the greatest twentieth century novelists, but the century is already broken into several parts, as we feel and know, and Proust is the great reflector of one of those parts, in his language, his manner, as much as in his subject matter. Since we are returning to him at this time, it seems desirable to trace as true a reflection of his qualities, which are intimately bound up with his way of writing, as a transposition may be able to cast. At the same time, mere nostalgia is not the point of this translation, as it never was Proust's point. Recovery of the past, in his sense and hopefully here, is an occupation in the present.

A word about the Notes that follow the text of "On Reading": they are Proust's, with rather few additions by the editors, specified as "Ed. Note" in every case, to clarify points that would almost certainly be raised by Proust scholars and by the general reader. Also, since Proust speaks of another group of Notes which he made to the text of his translation of *Sesame and Lilies,* it should be understood that these were distinct from the ones belonging directly to "On Reading," and that we have included only the latter.

One final word of gratitude: Professor Autret and I are indebted to Mr. Samuel Stewart of The Macmillan Company for seeing the appropriateness of publishing "On Reading" in the Proust centennial year. He has done Proust's many readers, old and new, a signal service on this occasion.

W.B.

ON READING

A Madame la Princesse Alexandre de Caraman-Chimay, dont les Notes sur Florence auraient fait les délices de Ruskin, je dédie respectueusement, comme un hommage de ma profonde admiration pour elle, ces pages que j'ai recueillies parce qu'elles lui ont plu.

M. P.

To Princess Alexandre de Caraman-Chimay, whose Notes on Florence would have delighted Ruskin, I respectfully dedicate, as testimony of my profound admiration for her, these pages I have gathered because they pleased her.

M. P.

Sur la lecture[1]

Il n'y a peut-être pas de jours de notre enfance que nous ayons si pleinement vécus que ceux que nous avons cru laisser sans les vivre, ceux que nous avons passés avec un livre préféré. Tout ce qui, semblait-il, les remplissait pour les autres, et que nous écartions comme un obstacle vulgaire à un plaisir divin : le jeu pour lequel un ami venait nous chercher au passage le plus intéressant, l'abeille ou le rayon de soleil gênants qui nous forçaient à lever les yeux de sur la page ou à changer de place, les provisions de goûter qu'on nous avait fait emporter et que nous laissions à côté de nous sur le banc, sans y toucher, tandis que, au-dessus de notre tête, le soleil diminuait de force dans le ciel bleu, le dîner pour lequel il avait fallu rentrer et où nous ne pensions qu'à monter finir, tout de suite après, le chapitre interrompu, tout cela, dont la lecture aurait dû nous empêcher de percevoir autre chose que l'importunité, elle en gravait au contraire en nous un souvenir tellement doux (tellement plus précieux à notre jugement actuel, que ce que nous lisions alors avec tant d'amour,) què, s'il nous arrive encore aujourd'hui de feuilleter ces livres d'autrefois, ce n'est plus que comme les seuls calendriers que nous ayons gardés des jours enfuis, et avec l'espoir de voir reflétés sur leurs pages les demeures et les étangs qui n'existent plus.

Qui ne se souvient comme moi de ces lectures faites au temps des vacances, qu'on allait cacher successivement dans toutes celles des heures du jour qui étaient assez paisibles et assez inviolables pour pouvoir leur donner asile. Le matin, en rentrant du parc, quand tout le monde était parti «faire une promenade», je me glissais dans la salle à manger où, jusqu'à l'heure encore lointaine du déjeuner, personne n'entrerait que

On Reading[1]

THERE ARE perhaps no days of our childhood we
lived so fully as those we believe we left without having lived
them, those we spent with a favorite book. Everything that
filled them for others, so it seemed, and that we dismissed as
a vulgar obstacle to a divine pleasure: the game for which a
friend would come to fetch us at the most interesting passage;
the troublesome bee or sun ray that forced us to lift our eyes
from the page or to change position; the provisions for
the afternoon snack that we had been made to take along
and that we left beside us on the bench without touching,
while above our head the sun was diminishing in force in the
blue sky; the dinner we had to return home for, and during
which we thought only of going up immediately afterward to
finish the interrupted chapter, all those things with which
reading should have kept us from feeling anything but annoy-
ance, on the contrary they have engraved in us so sweet a
memory (so much more precious to our present judgment
than what we read then with such love), that if we still happen
today to leaf through those books of another time, it is for no
other reason than that they are the only calendars we have
kept of days that have vanished, and we hope to see reflected
on their pages the dwellings and the ponds which no longer
exist.

Who does not remember, as I do, those books read during
vacation time, that one used to take and hide, one after another, in those hours of the day that were peaceful enough
and inviolable enough to be able to give them refuge. In the
morning, coming back from the park, when everybody had
gone "to take a walk," I would slip into the dining room,

la vieille Félicie relativement silencieuse, et où je n'aurais pour compagnons, très respectueux de la lecture, que les assiettes peintes accrochées au mur, le calendrier dont la feuille de la veille avait été fraîchement arrachée, la pendule et le feu qui parlent sans demander qu'on leur réponde et dont les doux propos vides de sens ne viennent pas, comme les paroles des hommes, en substituer un différent à celui des mots que vous lisez. Je m'installais sur une chaise, près du petit feu de bois, dont, pendant le déjeuner, l'oncle matinal et jardinier dirait : «Il ne fait pas de mal! On supporte très bien un peu de feu ; je vous assure qu'à six heures il faisait joliment froid dans le potager. Et dire que c'est dans huit jours Pâques!» Avant le déjeuner qui, hélas! mettrait fin à la lecture, on avait encore deux grandes heures. De temps en temps, on entendait le bruit de la pompe d'où l'eau allait découler et qui vous faisait lever les yeux vers elle et la regarder à travers la fenêtre fermée, là, tout près, dans l'unique allée du jardinet qui bordait de briques et de faïences en demi-lunes ses plates-bandes de pensées : des pensées cueillies, semblait-il, dans ces ciels trop beaux, ces ciels versicolores et comme reflétés des vitraux de l'église qu'on voyait parfois entre les toits du village, ciels tristes qui apparaissaient avant les orages, ou après, trop tard, quand la journée allait finir. Malheureusement la cuisinière venait longtemps d'avance mettre le couvert ; si encore elle l'avait mis sans parler! Mais elle croyait devoir dire : «Vous n'êtes pas bien comme cela ; si je vous approchais une table ?» Et rien que pour répondre : «Non, merci bien,» il fallait arrêter net et ramener de loin sa voix qui, en dedans des lèvres, répétait sans bruit, en courant, tous les mots que les yeux avaient lus ; il fallait l'arrêter, la faire sortir, et, pour dire convenablement : «Non, merci bien,» lui donner une apparence de vie ordinaire, une intonation de réponse, qu'elle avait perdues. L'heure passait ; souvent, longtemps avant le déjeuner, commençaient à arriver dans la salle à manger ceux qui, étant fatigués, avaient abrégé la promenade, avaient «pris par Méséglise», ou ceux qui n'étaient pas sortis ce matin-là, «ayant à écrire». Ils disaient

where, until the yet distant lunch hour, nobody but relatively silent old Félicie would enter, and where I would have as companions, very respectful of reading, only the painted plates hung on the wall, the calendar whose sheet of the previous day had been freshly pulled, the clock and the fire which speak without asking you to answer them, and whose peaceful talk devoid of meaning does not come, like the words of men, to substitute a different sense from that of the words you are reading. I settled on a chair near the little wood fire about which, during breakfast, the uncle, early riser and gardener, would say: "That doesn't feel bad! We can certainly stand a little heat. I assure you it was pretty cold in the vegetable garden at six o'clock. And to think that in eight days it will be Easter!" Before lunch, which, alas!, would put an end to reading, one had two long hours still. From time to time you would hear the noise of the pump from which water was going to trickle, making you lift up your eyes toward it, and look at it through the closed window, there, very near, on the only walk in the small garden, which edged the beds of pansies with bricks and half-moon–shaped tiles: pansies gathered, it seemed, in those skies too beautiful, those skies varicolored and as if reflected from the stained-glass windows of the church seen at times between the roofs of the village, sad skies which appeared before the storms, or afterward, too late, as the day was about to end. Unfortunately the cook used to come long in advance to set the table; if only she had done it without speaking! But she thought she had to say: "You're not comfortable like that; what if I brought you a table?" And just to answer: "No, thank you," you had to stop short and bring back from afar your voice which from within your lips was repeating noiselessly, hurriedly, all the words your eyes had read; you had to stop it, make it be heard, and, in order to say properly, "No, thank you," give it an appearance of ordinary life, the intonation of an answer, which it had lost. The hour went by; often, long before lunch, those who were tired and had short-

bien: «Je ne veux pas te déranger», mais commençaient aussitôt à s'approcher du feu, à consulter l'heure, à déclarer que le
déjeuner ne serait pas mal accueilli. On entourait d'une particulière déférence celui ou celle qui était «restée à écrire» et
on lui disait: «Vous avez fait votre petite correspondance»
avec un sourire où il y avait du respect, du mystère, de la
paillardise et des ménagements, comme si cette «petite correspondance» avait été à la fois un secret d'état, une préroga-
tive, une bonne fortune et une indisposition. Quelques-uns,
sans plus attendre, s'asseyaient d'avance à table, à leurs places.
Cela, c'était la désolation, car ce serait d'un mauvais exemple
pour les autres arrivants, aller faire croire qu'il était déjà midi,
et prononcer trop tôt à mes parents la parole fatale: «Allons,
ferme ton livre, on va déjeuner.» Tout était prêt, le couvert
était entièrement mis sur la nappe où manquait seulement ce
qu'on n'apportait qu'à la fin du repas, l'appareil en verre où
l'oncle horticulteur et cuisinier faisait lui-même le café à table,
tubulaire et compliqué comme un instrument de physique
qui aurait senti bon et où c'était si agréable de voir monter
dans la cloche de verre l'ébullition soudaine qui laissait ensuite aux parois embuées une cendre odorante et brune; et
aussi la crème et les fraises que le même oncle mêlait, dans des
proportions toujours identiques, s'arrêtant juste au rose qu'il
fallait avec l'expérience d'un coloriste et la divination d'un
gourmand. Que le déjeuner me paraissait long! Ma grand'tante
ne faisait que goûter aux plats pour donner son avis avec une
douceur qui supportait, mais n'admettait pas la contradiction.
Pour un roman, pour des vers, choses où elle se connaissait
très bien, elle s'en remettait toujours, avec une humilité de
femme, à l'avis de plus compétents. Elle pensait que c'était
là le domaine flottant du caprice où le goût d'un seul ne peut
pas fixer la vérité. Mais sur les choses dont les règles et les
principes lui avaient été enseignés par sa mère, sur la manière
de faire certains plats, de jouer les sonates de Beethoven et de
recevoir avec amabilité, elle était certaine d'avoir une idée
juste de la perfection et de discerner si les autres s'en rap-

ened their walk, had "gone by Méséglise," or those who had
not gone out that morning, "having to write," began to arrive in the dining room. They would all say: "I don't want
to disturb you," but began at once to come near the fire, to
look at the time, to declare that lunch would not be unwel-
come. He or she who had "stayed to write" was the object
of a particular deference, and was told: "You have attended
to your little correspondence," with a smile in which there
was respect, mystery, prurience, and discretion, as if this
"little correspondence" had been at the same time a state
secret, a prerogative, a piece of good fortune, and an ailment.
Some, without waiting any longer, would sit ahead of time
at the table, at their places. That was real desolation, for it
would be a bad incentive to the others as they arrived to
make believe that it was already noon, and for my parents to
pronounce too soon the fatal words: "Come, shut your book,
we're going to have lunch." Everything was ready, the lunch
was all set on the tablecloth where only that which was
brought at the end of the meal was missing—the glass apparatus in which the horticulturist- and cook-uncle made the
coffee himself at the table, a tubular apparatus, complicated
as an instrument of physics that might have smelled good,
and in which it was so pleasant to see climbing in the glass
bell the sudden ebullition which afterward left on the misty
walls a fragrant, brown ash; and also the cream and the straw-
berries which the same uncle mixed in always identical proportions, stopping, with the experience of a colorist and the
divination of a gourmand, just at the required pink color.
How long lunch seemed to last for me! My great-aunt would
taste the dishes only to give her opinion with a sweetness
that stood but did not admit contradiction. For a novel, for
verses, things of which she was a good judge, she would always, with the humility of a woman, leave it to the advice of
more competent people. She thought that this was the waver-
ing domain of fancy, where the taste of a single person cannot settle the truth. But on things whose rules and principles

prochaient plus ou moins. Pour les trois choses, d'ailleurs, la
perfection était presque la même : c'était une sorte de simplicité dans les moyens, de sobriété et de charme. Elle repoussait
avec horreur qu'on mît des épices dans les plats qui n'en exi-
gent pas absolument, qu'on jouât avec affectation et abus
de pédales, qu'en «recevant» on sortît d'un naturel parfait et
parlât de soi avec exagération. Dès la première bouchée, aux
premières notes, sur un simple billet, elle avait la prétention
de savoir si elle avait affaire à une bonne cuisinière, à un vrai
musicien, à une femme bien élevée. «Elle peut avoir beaucoup
plus de doigts que moi, mais elle manque de goût en jouant
avec tant d'emphase cet andante si simple.» «Ce peut être une
femme très brillante et remplie de qualités, mais c'est un
manque de tact de parler de soi en cette circonstance.» «Ce
peut être une cuisinière très savante, mais elle ne sait pas faire
le bifteck aux pommes.» Le bifteck aux pommes ! morceau de
concours idéal, difficile par sa simplicité même, sorte de «Sonate pathétique» de la cuisine, équivalent gastronomique de
ce qu'est dans la vie sociale la visite de la dame qui vient vous
demander des renseignements sur un domestique et qui, dans
un acte si simple, peut à tel point faire preuve, ou manquer,
de tact et d'éducation. Mon grand-père avait tant d'amour-
propre qu'il aurait voulu que tous les plats fussent réussis, et
s'y connaissait trop peu en cuisine pour jamais savoir quand
ils étaient manqués. Il voulait bien admettre qu'ils le fussent
parfois, très rarement d'ailleurs, mais seulement par un pur
effet du hasard. Les critiques toujours motivées de ma grand'-
tante impliquant au contraire que la cuisinière n'avait pas
su faire tel plat, ne pouvaient manquer de paraître particulière-
ment intolérables à mon grand-père. Souvent, pour éviter des
discussions avec lui, ma grand'tante, après avoir goûté du
bout des lèvres, ne donnait pas son avis, ce qui, d'ailleurs, nous
faisait connaître immédiatement qu'il était défavorable. Elle
se taisait, mais nous lisions dans ses yeux doux une désappro-
bation inébranlable et réfléchie qui avait le don de mettre mon
grand-père en fureur. Il la priait ironiquement de donner son

had been taught to her by her mother, on the way to prepare
certain dishes, to play the Beethoven sonatas, and to entertain
graciously, she was sure to have a just idea of perfection and
to discern whether others came more or less close. For those
three things, moreover, perfection was almost the same: it
was a kind of simplicity in the means, a kind of sobriety and
charm. She rejected with horror the idea that one would put
spices in dishes that did not absolutely require them, that one
would play the pedals with affectation and excess, that "when
receiving" one would depart from perfect naturalness and
speak of oneself with exaggeration. At the first mouthful,
at the first notes, on receiving a simple message, she would
claim to know whether she had to do with a good cook, a
true musician, a well-bred woman. "She may have quicker
fingers than I have, but she lacks taste, playing with so much
emphasis this andante that is so simple." "She may be brilliant and full of qualities, but it is a lack of tact to speak
of oneself in that way." "It may be that she is a very learned
cook, but she cannot fix a beefsteak with potatoes." Beefsteak with potatoes! Ideal competition piece, difficult in its
very simplicity, a kind of *"Sonate Pathétique"* of cookery, a
gastronomical equivalent of what in social life is the visit of
a lady who comes to make inquiries of you about a servant,
and who by so simple an act can to such a degree show proof
of, or lack, tact and good manners. My grandfather had so
much self-respect that he would have liked all dishes to be a
success, and he knew too little about cookery ever to know
when they were a failure. He was willing to admit that sometimes, if very rarely, they were, but only by pure chance. My
great-aunt's criticisms, always justified, implying, on the contrary, that the cook had not known how to prepare a given
dish, could not fail to appear particularly intolerable to my
grandfather. Often, to avoid discussions with him, my great-
aunt, after having tasted gingerly, did not give her opinion,
which would let us know immediately that it was unfavorable.
She would say nothing, but we could read in her gentle eyes a

avis, s'impatientait de son silence, la pressait de questions, s'emportait, mais on sentait qu'on l'aurait conduite au martyre plutôt que de lui faire confesser la croyance de mon grand-père : que l'entremets n'était pas trop sucré.

Après le déjeuner, ma lecture reprenait tout de suite : surtout si la journée était un peu chaude, on montait «se retirer dans sa chambre», ce qui me permettait, par le petit escalier aux marches rapprochées, de gagner tout de suite la mienne, à l'unique étage si bas que des fenêtres enjambées on n'aurait eu qu'un saut d'enfant à faire pour se trouver dans la rue. J'allais fermer ma fenêtre, sans avoir pu esquiver le salut de l'armurier d'en face, qui, sous prétexte de baisser ses auvents, venait tous les jours après déjeuner fumer sa cigarette devant sa porte et dire bonjour aux passants, qui, parfois, s'arrêtaient à causer. Les théories de William Morris, qui ont été si constamment appliquées par Maple et les décorateurs anglais, édictent qu'une chambre n'est belle qu'à la condition de contenir seulement des choses qui nous soient utiles et que toute chose utile, fût-ce un simple clou, soit non pas dissimulée, mais apparente. Au-dessus du lit à tringles de cuivre et entièrement découvert, aux murs nus de ces chambres hygiéniques, quelques reproductions de chefs-d'œuvre. A la juger d'après les principes de cette esthétique, ma chambre n'était nullement belle, car elle était pleine de choses qui ne pouvaient servir à rien et qui dissimulaient pudiquement, jusqu'à en rendre l'usage extrêmement difficile, celles qui servaient à quelque chose. Mais c'est justement de ces choses qui n'étaient pas là pour ma commodité, mais semblaient y être venues pour leur plaisir, que ma chambre tirait pour moi sa beauté. Ces hautes courtines blanches qui dérobaient aux regards le lit placé comme au fond d'un sanctuaire ; la jonchée de couvre-pieds en marceline, de courtes-pointes à fleurs, de couvre-lits brodés, de taies d'oreiller en batiste, sous laquelle il disparaissait le jour, comme un autel au mois de Marie sous les festons et les fleurs, et que, le soir, pour pouvoir me coucher, j'allais poser avec précaution sur un fauteuil où ils consentaient

firm and deliberate disapproval which had a way of infuriat-
ing my grandfather. He would ironically beg her to give her
opinion, become impatient at her silence, press her with questions, get into a passion, but one felt she would have been
led to martyrdom rather than confess to the belief of my
grandfather: that the sweet dish did not have too much sugar.

After lunch, my reading resumed immediately; above all,
if the day was rather warm, one went up "to retire to one's
room," which permitted me, by the little staircase with steps
close together, to reach mine immediately, on the only upper
story, so low that from the windows with but one child's
jump you would have found yourself in the street. I went
and closed my window without being able to avoid the greet-
ing of the gunsmith across the street, who, under pretext of
lowering the awning, used to come every day after lunch to
smoke his cigarette in front of his door and say good afternoon to passers-by, who, sometimes, stopped to talk. William
Morris's theories, which have been so constantly applied by
Maple and the English decorators, decree that a room is
beautiful only on condition that it contain but those things
which may be useful to us, and that any useful thing, even a
simple nail, be not hidden, but apparent. Above the bed with
copper rods and entirely uncovered, on the naked walls of
those hygienic rooms, [only] a few reproductions of masterpieces. To judge it by the principles of this aesthetics, my
room was not beautiful at all, for it was full of things that
could not be of any use and that modestly hid, to the point
of making their use extremely difficult, those which might
serve some use. But it was precisely through these things
which were not there for my convenience, but that seemed to
have come there for their own pleasure, that my room ac-
quired for me its beauty. Those high white curtains which
hid from the eyes the bed placed as if in the rear of a sanctu-
ary; the scattering of light silk counterpanes, of quilts with
flowers, of embroidered bedspreads, of linen pillowcases, this
scattering under which it disappeared in the daytime, as an

à passer la nuit; à côté du lit, la trinité du verre à dessins bleus, du sucrier pareil et de la carafe (toujours vide depuis le lendemain de mon arrivée sur l'ordre de ma tante qui craignait de me la voir «répandre»), sortes d'instruments du culte—presque aussi saints que la précieuse liqueur de fleur d'oranger placée près d'eux dans une ampoule de verre—que je n'aurais pas cru plus permis de profaner ni même possible d'utiliser pour mon usage personnel que si ç'avaient été des ciboires consacrés, mais que je considérais longuement avant de me déshabiller, dans la peur de les renverser par un faux mouvement; ces petites étoles ajourées au crochet qui jetaient sur le dos des fauteuils un manteau de roses blanches qui ne devaient pas être sans épines, puisque, chaque fois que j'avais fini de lire et que je voulais me lever, je m'apercevais que j'y étais resté accroché; cette cloche de verre, sous laquelle, isolée des contacts vulgaires, la pendule bavardait dans l'intimité pour des coquillages venus de loin et pour une vieille fleur sentimentale, mais qui était si lourde à soulever que, quand la pendule s'arrêtait, personne, excepté l'horloger, n'aurait été assez imprudent pour entreprendre de la remonter; cette blanche nappe en guipure qui, jetée comme un revêtement d'autel sur la commode ornée de deux vases, d'une image du Sauveur et d'un buis bénit, la faisait ressembler à la Sainte Table (dont un prie-Dieu, rangé là tous les jours, quand on avait «fini la chambre», achevait d'évoquer l'idée), mais dont les effilochements toujours engagés dans la fente des tiroirs en arrêtaient si complètement le jeu que je ne pouvais jamais prendre un mouchoir sans faire tomber d'un seul coup image du Sauveur, vases sacrés, buis bénit, et sans trébucher moi-même en me rattrapant au prie-Dieu; cette triple superposition enfin de petits rideaux d'étamine, de grands rideaux de mousseline et de plus grands rideaux de basin, toujours souriants dans leur blancheur d'aubépine souvent ensoleillée, mais au fond bien agaçants dans leur maladresse et leur entêtement à jouer autour de leurs barres de bois parallèles et à se prendre les uns dans les autres et tous dans la fenêtre dès que

altar in the month of Mary under festoons and flowers, and
which, in the evening, in order to go to bed, I would place
cautiously on an armchair where they consented to spend the
night; by the bed, the trinity of the glass with blue patterns,
the matching sugar bowl, and the decanter (always empty,
since the day after my arrival, by order of my aunt who was
afraid to see it "spill"), these instruments, as it were, of the
cult—almost as sacred as the precious orange blossom liqueur
placed near them in a glass phial—which I would no more
have thought of profaning nor even of possibly using for
myself than if they had been consecrated ciboria, but which
I would examine a long time before undressing, for fear of
upsetting them by a false motion; those little crocheted open-
work stoles which threw on the backs of the armchairs a
mantel of white roses that must not have been without thorns
since every time I was through reading and wanted to get up
I noticed I remained caught in them; that glass bell under
which, isolated from vulgar contacts, the clock was babbling
privately for shells come from far away and for an old senti-
mental flower, but which was so heavy to lift that when the
clock stopped, nobody but the clock-maker would have been
foolhardy enough to undertake to wind it up; that very white
guipure tablecloth which, thrown as an altar runner across
the chest of drawers adorned with two vases, a picture of the
Savior, and a twig of blessed boxwood made it resemble the
Lord's Table (of which a priedieu, placed there every day
when the room was "done," finished evoking the idea), but
whose frayings always catching in the chinks of the drawers
stopped their movement so completely that I could never
take out a handkerchief without at once knocking down the
picture of the Savior, the sacred vases, the twig of blessed
boxwood, and without stumbling and catching hold of the
priedieu; finally, that triple layer of little bolting-cloth curtains, of large muslin curtains, and of larger dimity curtains,
always smiling in their often sunny hawthorn whiteness, but
in reality very irritating in their awkwardness and stubborn-

je voulais l'ouvrir ou la fermer, un second étant toujours prêt,
si je parvenais à en dégager un premier, à venir prendre immédiatement sa place dans les jointures aussi parfaitement
bouchées par eux qu'elles l'eussent été par un buisson d'aubépines réelles ou par des nids d'hirondelles qui auraient eu
la fantaisie de s'installer là, de sorte que cette opération, en
apparence si simple, d'ouvrir ou de fermer ma croisée, je n'en
venais jamais à bout sans le secours de quelqu'un de la maison;
toutes ces choses, qui non seulement ne pouvaient répondre
à aucun de mes besoins, mais apportaient même une entrave,
d'ailleurs légère, à leur satisfaction, qui évidemment n'avaient
jamais été mises là pour l'utilité de quelqu'un, peuplaient ma
chambre de pensées en quelque sorte personnelles, avec cet
air de prédilection, d'avoir choisi de vivre là et de s'y plaire,
qu'ont souvent, dans une clairière, les arbres, et, au bord des
chemins ou sur les vieux murs, les fleurs. Elles la remplissaient
d'une vie silencieuse et diverse, d'un mystère où ma personne
se trouvait à la fois perdue et charmée; elles faisaient de cette
chambre une sorte de chapelle où le soleil—quand il traversait
les petits carreaux rouges que mon oncle avait intercalés au
haut des fenêtres—piquait sur les murs, après avoir rosé l'aubépine des rideaux, des lueurs aussi étranges que si la petite
chapelle avait été enclose dans une plus grande nef à vitraux;
et où le bruit des cloches arrivait si retentissant à cause de la
proximité de notre maison et de l'église, à laquelle d'ailleurs,
aux grandes fêtes, les reposoirs nous liaient par un chemin
de fleurs, que je pouvais imaginer qu'elles étaient sonnées dans
notre toit, juste au-dessus de la fenêtre d'où je saluais souvent
le curé tenant son bréviaire, ma tante revenant de vêpres ou
l'enfant de chœur qui nous portait du pain bénit. Quant à la
photographie par Brown du *Printemps* de Botticelli ou au
moulage de la *Femme inconnue* du musée de Lille, qui, aux murs
et sur la cheminée des chambres de Maple, sont la part con-
cédée par William Morris à l'inutile beauté, je dois avouer
qu'ils étaient remplacés dans ma chambre par une sorte de
gravure représentant le prince Eugène, terrible et beau dans

ness in playing around the parallel wooden bars and tangling
in one another and getting all in the window as soon as I
wanted to open or close it, a second one being always ready,
if I succeeded in extricating the first, to come to take its place
immediately in the cracks as perfectly plugged by them as they
would have been by a real hawthorn bush or by nests of
swallows that might have had the fancy to settle there, so that
this operation, in appearance so simple, of opening or closing
my window, I never succeeded in doing without the help of
someone in the house; all those things which not only could
not answer any of my needs, but were even an impediment,
however slight, to their satisfaction, which evidently had
never been placed there for someone's use, peopled my room
with thoughts somehow personal, with that air of predilection, of having chosen to live there and delighting in it, which
often the trees in a clearing and the flowers on the road sides
or on old walls have. They filled it with a silent and different
life, with a mystery in which my person found itself lost and
charmed at the same time; they made of this room a kind of
chapel where the sun—when it penetrated the little red win-
dowpanes my uncle had inserted in the upper part of the
windows—cast on the walls, after having tinted the hawthorn
of the curtains, roseate gleams as strange as if the little chapel
had been enclosed in a larger stained-glass nave; and where
the noise of the bells came so resoundingly because our house
was close to the church to which, besides, on the occasion of
great feasts, outdoor altars linked us by a road carpeted with
flowers, so that I could imagine that the bells were ringing on
our roof, right above the window from where I greeted the
parish priest holding his breviary, my aunt returning from
vespers, or the chorister boy bringing us blessed bread. As for
the photograph of Botticelli's "*Primavera*" or the cast of the
"Unknown Woman" of the Lille Museum, which on the walls
and on the mantlepiece of the rooms of Maple are the part
conceded by William Morris to useless beauty, I must confess they were replaced in my room by a sort of engraving

son dolman, et que je fus très étonné d'apercevoir une nuit, dans un grand fracas de locomotives et de grêle, toujours terrible et beau, à la porte d'un buffet de gare, où il servait de réclame à une spécialité de biscuits. Je soupçonne aujourd'hui mon grand-père de l'avoir autrefois reçu, comme prime, de la munificence d'un fabricant, avant de l'installer à jamais dans ma chambre. Mais alors je ne me souciais pas de son origine, qui me paraissait historique et mystérieuse et je ne m'imaginais pas qu'il pût y avoir plusieurs exemplaires de ce que je considérais comme une personne, comme un habitant permanent de la chambre que je ne faisais que partager avec lui et où je le retrouvais tous les ans, toujours pareil à lui-même. Il y a maintenant bien longtemps que je ne l'ai vu, et je suppose que je ne le reverrai jamais. Mais si une telle fortune m'advenait, je crois qu'il aurait bien plus de choses à me dire que *le Printemps* de Botticelli. Je laisse les gens de goût orner leur demeure avec la reproduction des chefs-d'œuvre qu'ils admirent et décharger leur mémoire du soin de leur conserver une image précieuse en la confiant à un cadre de bois sculpté. Je laisse les gens de goût faire de leur chambre l'image même de leur goût et la remplir seulement de choses qu'il puisse approuver. Pour moi, je ne me sens vivre et penser que dans une chambre où tout est la création et le langage de vies profondément différentes de la mienne, d'un goût opposé au mien, où je ne retrouve rien de ma pensée consciente, où mon imagination s'exalte en se sentant plongée au sein du non-moi; je ne me sens heureux qu'en mettant le pied—avenue de la Gare, sur le Port, ou place de l'Eglise—dans un de ces hôtels de province aux longs corridors froids où le vent du dehors lutte avec succès contre les efforts du calorifère, où la carte de géographie détaillée de l'arrondissement est encore le seul ornement des murs, où chaque bruit ne sert qu'à faire apparaître le silence en le déplaçant, où les chambres gardent un parfum de renfermé que le grand air vient laver, mais n'efface pas, et que les narines aspirent cent fois pour l'apporter à l'imagination, qui s'en enchante, qui le fait poser

representing Prince Eugene, terrible and beautiful in his dolman, and which I was very astonished to see one night, in the
midst of a great din of locomotives and hail, still terrible and
beautiful, at the door of a railway station buffet where it was
used as an advertisement for a brand of crackers. Today I
suspect that my grandfather had once received it as a gift,
thanks to the munificence of a manufacturer, before setting
it up forever in my room. But at the time I did not care about
its origin, which to me seemed historical and mysterious, and
I did not imagine that there might have been several copies
of what I thought of as a person, as a permanent inhabitant
of the room I simply shared with him, and where I found him
every year always the same. I have not seen him for a long
time now, and I suppose I shall never see him again. But
should I have such luck, I believe he would have many more
things to tell me than Botticelli's *"Primavera."* I leave it to
people of taste to decorate their homes with the reproductions
of masterpieces they admire, and to relieve their memories
from the care of preserving for them a precious image by en-
trusting it to a sculptured wooden frame. I leave it to people
of taste to make of their rooms the very image of their taste,
and to fill them only with things of which they can approve.
As for me, I feel myself living and thinking in a room where
everything is the creation and the language of lives profoundly
different from mine, of a taste opposite to mine, where I find
nothing of my conscious thought, where my imagination is
excited by feeling itself plunged into the depths of the non-
ego; I feel happy only when setting foot—on the Avenue de
la Gare, on the Port, or on the Place de l'Eglise—in one of
those provincial hotels with cold, long corridors where the
wind from outside contends successfully with the efforts of
the heating system, where the detailed geographic map of the
district is still the sole ornament on the walls, where each noise
helps only to make the silence appear by displacing it, where
the rooms keep a musty perfume which the open air comes
to wash, but does not eliminate, and which the nostrils in-

comme un modèle pour essayer de le recréer en elle avec tout
ce qu'il contient de pensées et de souvenir; où le soir, quand
on ouvre la porte de sa chambre, on a le sentiment de violer
toute la vie qui y est restée éparse, de la prendre hardiment
par la main quand, la porte refermée, on entre plus avant,
jusqu'à la table ou jusqu'à la fenêtre; de s'asseoir dans une
sorte de libre promiscuité avec elle sur le canapé exécuté par
le tapissier du chef-lieu dans ce qu'il croyait le goût de Paris;
de toucher partout la nudité de cette vie dans le dessein de se
troubler soi-même par sa propre familiarité, en posant ici et
là ses affaires, en jouant le maître dans cette chambre pleine
jusqu'aux bords de l'âme des autres et qui garde jusque dans
la forme des chenêts et le dessin des rideaux l'empreinte de leur
rêve, en marchant pieds nus sur son tapis inconnu; alors, cette
vie secrète, on a le sentiment de l'enfermer avec soi quand on
va, tout tremblant, tirer le verrou; de la pousser devant soi
dans le lit et de coucher enfin avec elle dans les grands draps
blancs qui vous montent par-dessus la figure, tandis que, tout
près, l'église sonne pour toute la ville les heures d'insomnie
des mourants et des amoureux.

Je n'étais pas depuis bien longtemps à lire dans ma chambre
qu'il fallait aller au parc, à un kilomètre du village (2). Mais
après le jeu obligé, j'abrégeais la fin du goûter apporté dans
des paniers et distribué aux enfants au bord de la rivière, sur
l'herbe où le livre avait été posé avec défense de le prendre
encore. Un peu plus loin, dans certains fonds assez incultes
et assez mystérieux du parc, la rivière cessait d'être une eau
rectiligne et artificielle, couverte de cygnes et bordée d'allées
où souriaient des statues, et, par moment sautelante de carpes,
se précipitait, passait à une allure rapide la clôture du parc,
devenait une rivière dans le sens géographique du mot—une
rivière qui devait avoir un nom,—et ne tardait pas à s'épandre
(la même vraiment qu'entre les statues et sous les cygnes?)
entre des herbages où dormaient des bœufs et dont elle noyait
les boutons d'or, sortes de prairies rendues par elle assez

hale a hundred times in order to bring it to the imagination,
which is enchanted with it, which has it pose like a model to
try to recreate it with all the thoughts and remembrances that
it contains; where in the evening, when opening the door of
one's room, one has the feeling of violating all the life that
has remained scattered there, of taking it boldly by the hand
when, once the door is closed, one enters farther, up to the
table or the window; to sit with it in a kind of free promiscu-
ousness on the sofa designed by the upholsterer of the local
county in what he believed to be the style of Paris; to touch
everywhere the nakedness of that life with the intention of
being troubled by one's own familiarity, by putting here and
there one's things, by pretending to be the master of that room
full to the brim with the soul of others and which keeps even
in the shape of its andirons and the pattern of its curtains the
imprint of their dreams, by walking barefoot on its unknown
carpet; one has then the feeling of shutting in with oneself
this secret life, when one goes, all trembling, to bolt the door;
of pushing it in front of one into the bed and finally lying
down with it under the large white sheets which come up
over one's face, while close by the church rings for the whole
town the hours of insomnia of the dying and of lovers.

I had not been reading a long time in my room before we
had to go to the park, a kilometer from the village.[2] But after
the compulsory playtime, I cut short the afternoon snack
brought in baskets and distributed to the children at the
river's edge on the grass where the book had been put down
with instructions not to pick it up yet. A little farther, in certain rather wild and mysterious depths of the park, the river
ceased to be a straight and artificial line, covered with swans
and bordered with walks where statues were smiling, and,
suddenly leaping with carp, rushed forward, went at a rapid
pace beyond the enclosure of the park, became a river in the
geographic sense of the word—a river which must have had
a name—and soon spread itself (was it really the same as the
one between the statues and beneath the swans?) amidst

marécageuses et qui, tenant d'un côté au village par des tours
informes, restes, disait-on, du moyen âge, joignaicnt de l'autre, par des chemins montants d'églantiers et d'aubépines, la
«nature» qui s'étendait à l'infini, des villages qui avaient d'autres noms, l'inconnu. Je laissais les autres finir de goûter dans
le bas du parc, au bord des cygnes, et je montais en courant
dans le labyrinthe, jusqu'à telle charmille où je m'asseyais,
introuvable, adossé aux noisetiers taillés, apercevant le plant
d'asperges, les bordures de fraisiers, le bassin où, certains
jours, les chevaux faisaient monter l'eau en tournant, la porte
blanche qui était la «fin du parc» en haut, et au delà, les champs
de bleuets et de coquelicots. Dans cette charmille, le silence
était profond, le risque d'être découvert presque nul, la sé-
curité rendue plus douce par les cris éloignés qui, d'en bas,
m'appelaient en vain, quelquefois même se rapprochaient,
montaient les premiers talus, cherchant partout, puis s'en re-
tournaient, n'ayant pas trouvé; alors plus aucun bruit; seul
de temps en temps le son d'or des cloches qui au loin, par
delà les plaines, semblait tinter derrière le ciel bleu, aurait pu
m'avertir de l'heure qui passait; mais, surpris par sa douceur
et troublé par le silence plus profond, vidé des derniers sons,
qui le suivait, je n'étais jamais sûr du nombre des coups. Ce
n'était pas les cloches tònnantes qu'on entendait en rentrant
dans le village—quand on approchait de l'église qui, de près,
avait repris sa taille haute et raide, dressant sur le bleu du soir
son capuchon d'ardoise ponctué de corbeaux—faire voler le
son en éclats sur la place «pour les biens de la terre». Elles
n'arrivaient au bout du parc que faibles et douces et ne s'adressant pas à moi, mais à toute la campagne, à tous les villages,
aux paysans isolés dans leur champ, elles ne me forçaient nullement à lever la tête, elles passaient près de moi, portant
l'heure aux pays lointains, sans me voir, sans me connaître
et sans me déranger.

Et quelquefois à la maison, dans mon lit, longtemps après
le dîner, les dernières heures de la soirée abritaient aussi ma

the pastures where oxen were sleeping and where it drowned
the buttercups—kinds of meadows it made rather swampy,
and which, connecting on one side with the village by shape-
less towers, remants, it was said, of the Middle Ages, joined
the other side through climbing roads of sweetbriar and hawthorn, that "nature" which spread infinitely, to villages with
other names, to the unknown. I would let the others finish
eating at the lower end of the park near the swans, and I
would run up the labyrinth as far as some hedge where I
would sit, not to be found, leaning against the trimmed hazels, discovering the asparagus bed, the strawberry edgings,
the pond where on certain days the horses hitched to a wheel
would bring up water, the white door which was the "end of
the park" above, and beyond, the fields of cornflowers and
poppies. In this hedge, silence was profound, the risk of
being discovered was almost nil, safety was made sweeter by
the distant voices which from below called me in vain, sometimes even came nearer, climbed the first banks, searching
everywhere, then returned, having found nothing; then no
more noise, only from time to time the golden sound of the
bells, which in the distance, beyond the plains, seeming to toll
behind the blue sky, could have warned me of the passing
hour; but surprised by its sweetness and disturbed by the pro-
founder silence, emptied of the last sounds, which followed
it, I was never sure of the number of strokes. It was not the
thundering bells that one heard upon returning to the village—as one approached the church which nearby had again
taken on its high and stiff size, rearing against the blue of the
evening its slated roof punctuated with crows—shattering
the sound over the square "for the good of the earth." Their
sound reached but feebly and sweetly to the end of the park,
and not addressing me but the whole countryside, all the
villages, the peasants isolated in their fields, they did not make
me raise my head, they went by near me, carrying the hour to
distant lands, without being aware of me or disturbing me.

And sometimes at home in my bed, long after dinner, the

lecture, mais cela, seulement les jours où j'étais arrivé aux derniers chapitres d'un livre, où il n'y avait plus beaucoup à lire pour arriver à la fin. Alors, risquant d'être puni si j'étais découvert et l'insomnie qui, le livre fini, se prolongerait peut-être toute la nuit, dès que mes parents étaient couchés je rallumais ma bougie; tandis que, dans la rue toute proche, entre la maison de l'armurier et la poste, baignées de silence, il y avait plein d'étoiles au ciel sombre et pourtant bleu, et qu'à gauche, sur la ruelle exhaussée où commençait en tournant son ascension surélevée, on sentait veiller, monstrueuse et noire, l'abside de l'église dont les sculptures la nuit ne dormaient pas, l'église villageoise et pourtant historique, séjour magique du Bon Dieu, de la brioche bénite, des saints multicolores et des dames des châteaux voisins qui, les jours de fête, faisant, quand elles traversaient le marché, piailler les poules et regarder les commères, venaient à la messe «dans leurs attelages», non sans acheter au retour, chez le pâtissier de la place, juste après avoir quitté l'ombre du porche où les fidèles en poussant la porte à tambour semaient les rubis errants de la nef, quelques-uns de ces gâteaux en forme de tours, protégés du soleil par un store,—«manqués», «Saint-Honorés» et «gênoises»,—dont l'odeur oisive et sucrée est restée mêlée pour moi aux cloches de la grand'messe et à la gaieté des dimanches.

Puis la dernière page était lue, le livre était fini. Il fallait arrêter la course éperdue des yeux et de la voix qui suivait sans bruit, s'arrêtant seulement pour reprendre haleine, dans un soupir profond. Alors, afin de donner aux tumultes depuis trop longtemps déchaînés en moi pour pouvoir se calmer ainsi d'autres mouvements à diriger, je me levais, je me mettais à marcher le long de mon lit, les yeux encore fixés à quelque point qu'on aurait vainement cherché dans la chambre ou dehors, car il n'était situé qu'à une distance d'âme, une de ces distances qui ne se mesurent pas par mètres et par lieues, comme les autres, et qu'il est d'ailleurs impossible de

last hours of the evening also sheltered my reading, but then only on the days when I had reached the last chapters of a book, when there was not much more to read to arrive at the end. Then, at the risk of being punished if I were discovered, and of the insomnia which, once the book was finished, would perhaps be prolonged throughout the whole night, as soon as my parents had gone to bed I would light my candle again; while in the street quite nearby, between the gunsmith's house and the post office, bathed in silence, the dark and yet blue sky was full of stars; and while to the left, on the raised path where, curving, its elevated ascent began, one felt watching, monstrous and black, the apse of the church whose sculptures did not sleep at night—the provincial and yet historical church, magic abode of the *Bon Dieu*, of the blessed bread, of the multicolored saints and the ladies of the neighboring castles who on feast days, as they crossed the market, made the hens squall and the gossiping women stare, who came to mass "in their carriages," not without buying, on their way back, at the pastry cook's on the square, just after having left the shade of the porch where the congregation pushing the revolving door strewed the wandering rubies of the nave, some of those cakes in the shape of towers, protected from the sun by a shade—*manqués, Saint-Honorés,* and *gênoises*—whose lazy and sugary fragrance has remained mingled for me with the tolling of the bells for high mass, and the gaiety of Sundays.

Then the last page was read, the book was finished. I had to stop the headlong rush of my eyes and of the voice which followed noiselessly, stopping only to regain my breath in a deep sigh. Then, in order to give the tumult, too long unleashed within me to be able to calm itself, other motions to govern, I would get up, I would start walking alongside my bed, my eyes still fixed on some point one would have vainly looked for in the room or outside, for it was situated at a soul's distance only, one of those distances which are not measured in meters and leagues like the others, and which,

confondre avec elles quand on regarde les yeux «lointains»
de ceux qui pensent «à autre chose». Alors, quoi? ce livre, ce
n'était que cela? Ces êtres à qui on avait donné plus de son
attention et de sa tendresse qu'aux gens de la vie, n'osant pas
toujours avouer à quel point on les aimait, et même quand
nos parents nous trouvaient en train de lire et avaient l'air
de sourire de·notre émotion, fermant le livre, avec une indifférence affectée ou un ennui feint; ces gens pour qui on
avait haleté et sangloté, on ne les verrait plus jamais, on ne
saurait plus rien d'eux. Déjà, depuis quelques pages, l'auteur,
dans le cruel «Epilogue», avait eu soin de les «espacer» avec
une indifférence incroyable pour qui savait l'intérêt avec lequel il les avait suivis jusque-là pas à pas. L'emploi de chaque
heure de leur vie nous avait été narrée. Puis subitement:
«Vingt ans après ces événements on pouvait rencontrer dans
les rues de Fougères (3) un vieillard encore droit, etc.» Et le
mariage dont deux volumes avaient été employés à nous faire
entrevoir la possibilité délicieuse, nous effrayant puis nous
réjouissant de chaque obstacle dressé puis aplani, c'est par
une phrase incidente d'un personnage secondaire que nous
apprenions qu'il avait été célébré, nous ne savions pas au juste
quand, dans cet étonnant épilogue écrit, semblait-il, du haut
du ciel, par une personne indifférente à nos passions d'un
jour, qui s'était substituée à l'auteur. On aurait tant voulu
que le livre continuât, et, si c'était impossible, avoir d'autres
renseignements sur tous ces personnages, apprendre maintenant quelque chose de leur vie, employer la nôtre à des choses
qui ne fussent pas tout à fait étrangères à l'amour qu'ils nous
avaient inspiré (4) et dont l'objet nous faisait tout à coup défaut, ne pas avoir aimé en vain, pour une heure, des êtres qui
demain ne seraient plus qu'un nom sur une page oubliée, dans
un livre sans rapport avec la vie et sur la valeur duquel nous
nous étions bien mépris puisque son lot ici-bas, nous le com-
prenions maintenant et nos parents nous l'apprenaient au besoin d'une phrase dédaigneuse, n'était nullement, comme
nous l'avions cru, de contenir l'univers et la destinée, mais

besides, cannot be confused with them when one looks at the "distant" eyes of those who are thinking "about something else." Then, what? This book, it was nothing but that? Those beings to whom one had given more of one's attention and tenderness than to people in real life, not always daring to admit how much one loved them, even when our parents found us reading and appeared to smile at our emotion, so that we closed the book with affected indifference or feigned ennui; those people, for whom one had panted and sobbed, one would never see again, one would no longer know anything about them. Already, for several pages, the author, in the cruel "Epilogue," had taken care to "space" them with an unbelievable indifference for one who knew the interest with which he had followed them step by step until then. The occupation of each hour of their lives had been narrated for us. Then suddenly: "Twenty years after these events one could meet on the streets of Fougères[3] an elderly man still erect, etc." And the marriage, to which two volumes had been devoted to make us foresee the delicious possibility, frightening us, then delighting us with each obstacle erected, then removed—it is by an incidental sentence of a secondary character that we learned it had been celebrated, we did not know just when, in this astonishing epilogue written, it seemed, from high above in the sky by a person indifferent to our passions of a day, who had substituted himself for the author. One would have wanted so much for the book to continue, and if that were impossible, to have other information on all those characters, to learn now something about their lives, to devote ours to things that might not be entirely foreign to the love they had inspired in us[4] and whose object we were suddenly missing— would have wanted not to have loved in vain, for an hour, beings who tomorrow would be but names on a forgotten page, in a book having no connection with life, and on the value of which we were much mistaken since its fate in this world, we understood now, and our parents informed us in

d'occuper une place fort étroite dans la bibliothèque du no-
taire, entre les fastes sans prestige du Journal de Modes illus-
tré et de la Géographie d'Eure-et-Loir. . . .

. . . Avant d'essayer de montrer au seuil des «Trésors des
Rois», pourquoi à mon avis la Lecture ne doit pas jouer dans
la vie le rôle prépondérant que lui assigne Ruskin dans ce
petit ouvrage, je devais mettre hors de cause les charmantes
lectures de l'enfance dont le souvenir doit rester pour chacun
de nous une bénédiction. Sans doute je n'ai que trop prouvé
par la longueur et le caractère du développement qui précède
ce que j'avais d'abord avancé d'elles : que ce qu'elles laissent
surtout en nous, c'est l'image des lieux et des jours où nous
les avons faites. Je n'ai pas échappé à leur sortilège : voulant
parler d'elles, j'ai parlé de toute autre chose que des livres
parce que ce n'est pas d'eux qu'elles m'ont parlé. Mais peut-
être les souvenirs qu'elles m'ont l'un après l'autre rendus en
auront-ils eux-mêmes éveillés chez le lecteur et l'auront-ils peu
à peu amené, tout en s'attardant dans ces chemins fleuris et
détournés, à recréer dans son esprit l'acte psychologique original appelé *Lecture*, avec assez de force pour pouvoir suivre
maintenant comme au dedans de lui-même les quelques ré-
flexions qu'il me reste à présenter.

On sait que les «Trésors des Rois» est une conférence sur la
lecture que Ruskin donna à l'Hôtel-de-Ville de Rusholme,
près Manchester, le 6 décembre 1864 pour aider à la création
d'une bibliothèque à l'Institut de Rusholme. Le 14 décembre,
il en prononçait une seconde, «Des Jardins des Reines» sur
le rôle de la femme, pour aider à fonder des écoles à Ancoats.
«Pendant toute cette année 1864,» dit M. Collingwood dans
son admirable ouvrage «Life and Work of Ruskin», «il de-
meura *at home*, sauf pour faire de fréquentes visites à Carlyle.
Et quand en décembre il donna à Manchester les cours qui,
sous le nom de «Sésame et les Lys», devinrent son ouvrage
le plus populaire (5), nous pouvons discerner son meilleur
état de santé physique et intellectuelle dans les couleurs plus

case we needed a scornful phrase, was not at all, as we had believed, to contain the universe and destiny, but to occupy a very narrow place in the library of the notary public, between the undistinguished annals of the *Illustrated Magazine of Fashion* and the *Geography of the Eure-et-Loir.* . . .

BEFORE trying to show at the very beginning of "Kings' Treasuries" why in my opinion *reading* should not play the preponderant role in life assigned to it by Ruskin in this little work, I had to leave out of consideration the charming childhood reading whose memory must remain a benediction for each one of us. No doubt I have proved only too well by the length and character of the preceding development the idea I had at first expressed about it: that what it mostly leaves in us is the image of the places and the days when we did this reading. I have not escaped its spell: wishing to speak about it, I have talked about quite another thing than books, because it is not about books that this reading has spoken to me. But perhaps the memories which one after the other it has brought back to me will themselves have awakened some in the reader, and will little by little have led him, all the while lingering in those flowery and out-of-the-way roads, to recreate in his mind the original psychological act called *reading* with enough force for him to be able to follow now, as if within himself, the few reflections I still have to offer.

We know that "Kings' Treasuries" is a lecture on reading delivered by Ruskin at the Rusholme Town Hall, near Manchester, on December 6, 1864, to promote the establishment of a library at the Rusholme Institute. On December 14 he delivered a second lecture, "Of Queens' Gardens," on the role of women, to promote the establishment of schools at Ancoats. "All through that year [1864]," Mr. Collingwood tells us in his admirable work, *The Life and Works of Ruskin,*

brillantes de sa pensée. Nous pouvons reconnaître l'écho de
ses entretiens avec Carlyle dans l'idéal héroïque, aristocra-
tique et stoïque qu'il propose et dans l'insistance avec laquelle
il revient sur la valeur des livres et des bibliothèques pub-
liques, Carlyle étant le fondateur de la London Bibliothèque
. . .»

Pour nous, qui ne voulons ici que discuter en elle-même,
et sans nous occuper de ses origines historiques, la thèse de
Ruskin, nous pouvons la résumer assez exactement par ces
mots de Descartes, que «la lecture de tous les bons livres est
comme une conversation avec les plus honnêtes gens des
siècles passés qui en ont été les auteurs.» Ruskin n'a peut-
être pas connu cette pensée d'ailleurs un peu sèche du phi-
losophe français, mais c'est elle en réalité qu'on retrouve partout dans sa conférence, enveloppée seulement dans un or
apollonien où fondent des brumes anglaises, pareil à celui
dont la gloire illumine les paysages de son peintre préféré.
«A supposer, dit-il, que nous ayons et la volonté et l'intelli-
«gence de bien choisir nos amis, combien peu d'entre nous
«en ont le pouvoir, combien est limitée la sphère de nos choix.
«Nous ne pouvons connaître qui nous voudrions . . . Nous
«pouvons par une bonne fortune entrevoir un grand poète
«et entendre le son de sa voix, ou poser une question à un
«homme de science qui nous répondra aimablement. Nous
«pouvons usurper dix minutes d'entretien dans le cabinet
«d'un ministre, avoir une fois dans notre vie le privilège
«d'arrêter le regard d'une reine. Et pourtant ces hasards fugi-
«tifs nous les convoitons, nous dépensons nos années, nos
«passions et nos facultés à la poursuite d'un peu moins que
«cela, tandis que, durant ce temps, il y a une société qui nous
«est continuellement ouverte, de gens qui nous parleraient
«aussi longtemps que nous le souhaiterions, quel que soit
«notre rang. Et cette société, parce qu'elle est si nombreuse
«et si douce et que nous pouvons la faire attendre près de
«nous toute une journée—rois et hommes d'Etat attendant
«patiemment non pour accorder une audience, mais pour

"he remained at home, except for frequent visits to Carlyle. And when, in December, he gave the lectures at Manchester which afterwards, under the name of *Sesame and Lilies*, became his most popular work,[5] we can trace his better health of mind and body in the brighter tone of his thought. We can recognize the echo of Carlyle's talk in the heroic, aristocratic, stoic ideals he proposes, and in the insistence with which he goes back to the value of books and public libraries, Carlyle being the founder of the London Library. . . ."

As for us, wanting only to discuss Ruskin's thesis in itself without being concerned with its historical origins, we can sum it up fairly exactly by these words of Descartes, that "the reading of all good books is like a conversation with the most cultivated men of past centuries who have been their authors." Perhaps Ruskin did not know this rather dry thought of the French philosopher, but it is, in fact, the one which is found everywhere in his lecture, only enveloped in an Apollonian gold in which English mists blend, similar to the one whose glory illuminates the landscapes of his favorite painter [Turner]. "But," he says, "granting we had the will and sense to choose our friends well, how few of us have the power, how limited is the sphere of our choice. We cannot know whom we would . . . . We may, by good fortune, obtain a glimpse of a great poet and hear the sound of his voice; or put a question to a man of science, and be answered good-humouredly. We may intrude ten minutes' talk on a cabinet minister, snatch once in our lives the privilege of arresting the glance of a queen. And yet these momentary chances we covet; and spend our years, and passions, and powers, in pursuit of little more than these; while, meantime, there is a society continually open to us, of people who will talk to us as long as we like, whatever our rank. And this society, because it is so numerous and so gentle, and can be kept waiting round us all day long,—kings and statesmen

«l'obtenir—nous n'allons jamais la chercher dans ces anti-
«chambres simplement meublées que sont les rayons de nos
«bibliothèques, nous n'écoutons jamais un mot de ce qu'ils
«auraient à nous dire (6).» «Vous me direz peut-être, ajoute
«Ruskin, que si vous aimez mieux causer avec des vivants,
«c'est que vous voyez leur visage, etc.,» et réfutant cette première objection, puis une seconde, il montre que la lecture
est exactement une conversation avec des hommes beaucoup
plus sages et plus intéressants que ceux que nous pouvons
avoir l'occasion de connaître autour de nous. J'ai essayé de
montrer dans les notes dont j'ai accompagné ce volume que
la lecture ne saurait être ainsi assimilée à une conversation,
fût-ce avec le plus sage des hommes; que ce qui diffère essentiellement entre un livre et un ami, ce n'est pas leur plus
ou moins grande sagesse, mais la manière dont on communique avec eux, la lecture, au rebours de la conversation, con-
sistant pour chacun de nous à recevoir communication d'une
autre pensée, mais tout en restant seul, c'est-à-dire en continuant à jouir de la puissance intellectuelle qu'on a dans la
solitude et que la conversation dissipe immédiatement, en
continuant à pouvoir être inspiré, à rester en plein travail
fécond de l'esprit sur lui-même. Si Ruskin avait tiré les con-
séquences d'autres vérités qu'il a énoncées quelques pages
plus loin, il est probable qu'il aurait rencontré une conclusion
analogue à la mienne. Mais évidemment il n'a pas cherché à
aller au cœur même de l'idée de *lecture*. Il n'a voulu, pour
nous apprendre le prix de la lecture, que nous conter une
sorte de beau mythe platonicien, avec cette simplicité des
Grecs qui nous ont montré à peu près toutes les idées vraies
et ont laissé aux scrupules modernes le soin de les appro-
fondir. Mais si je crois que la lecture, dans son essence originale, dans ce miracle fécond d'une communication au sein
de la solitude, est quelque chose de plus, quelque chose d'autre que ce qu'a dit Ruskin, je ne crois pas malgré cela qu'on
puisse lui reconnaître dans notre vie spirituelle le rôle prépondérant qu'il semble lui assigner.

lingering patiently, not to grant audience, but to gain it—in those plainly furnished and narrow ante-rooms, our book-case shelves,—we make no account of that company, never listen to a word they would say."[6] "You may tell me," adds Ruskin, "that if you like better to talk with living people, it is because you see their faces, etc.," and refuting this first objection, then a second one, he shows that reading is, to be exact, a conversation with men much wiser and more interesting than those around us we may have the opportunity to know. I have tried to show in the notes accompanying this book that reading could not be thus made comparable to a conversation, were it with the wisest of men; that the essential difference between a book and a friend is not their degree of greatness of wisdom, but the manner in which we communicate with them—reading, contrary to conversation, consisting for each of us in receiving the communication of another thought, while we remain alone, that is to say, while continuing to enjoy the intellectual power we have in solitude, which conversation dissipates immediately; while continuing to be inspired, to maintain the mind's full, fruitful work on itself. Had Ruskin drawn the consequences of other truths he enunciated a few pages further, it is probable that he would have come to a conclusion analogous to mine. But evidently he did not seek to go to the very heart of the idea of *reading*. To teach us the value of reading he simply wished to tell us a beautiful Platonic myth, with that simplicity of the Greeks who have shown us almost all the true ideas and have left our modern misgivings the task of fathoming them. But if I believe that reading, in its original essence, in that fruitful miracle of a communication in the midst of solitude, is something more, something other than what Ruskin has said, I do not believe, in spite of this, that one may grant it in our spiritual life the preponderant role he seems to assign to it.

The limits of its role derive from the nature of its virtues.

Les limites de son rôle dérivent de la nature de ses vertus. Et ces vertus, c'est encore aux lectures d'enfance que je vais aller demander en quoi elles consistent. Ce livre, que vous m'avez vu tout à l'heure lire au coin du feu dans la salle à manger, dans ma chambre, au fond du fauteuil revêtu d'un appuie-tête au crochet, et pendant les belles heures de l'après-midi, sous les noisetiers et les aubépines du parc, où tous les souffles des champs infinis venaient de si loin jouer silencieusement auprès de moi, tendant sans mot dire à mes narines distraites l'odeur des trèfles et des sainfoins sur lesquels mes yeux fatigués se levaient parfois, ce livre, comme vos yeux en se penchant vers lui ne pourraient déchiffrer son titre à vingt ans de distance, ma mémoire, dont la vue est plus appropriée à ce genre de perceptions, va vous dire quel il était: *le Capitaine Fracasse*, de Théophile Gautier. J'en aimais par-dessus tout deux ou trois phrases qui m'apparaissaient comme les plus originales et les plus belles de l'ouvrage. Je n'imaginais pas qu'un autre auteur en eût jamais écrit de comparables. Mais j'avais le sentiment que leur beauté correspondait à une réalité dont Théophile Gautier ne nous laissait entrevoir, une ou deux fois par volume, qu'un petit coin. Et comme je pensais qu'il la connaissait assurément tout entière, j'aurais voulu lire d'autres livres de lui où toutes les phrases seraient aussi belles que celles-là et auraient pour objet les choses sur lesquelles j'aurais désiré avoir son avis. «Le rire n'est point cruel de sa nature; il distingue l'homme de la bête, et il est, ainsi qu'il appert en l'Odyssée d'Homerus, poète grégeois, l'apanage des dieux immortels et bienheureux qui rient olympiennement tout leur saoul durant les loisirs de l'éternité (7).» Cette phrase me donnait une véritable ivresse. Je croyais apercevoir une antiquité merveilleuse à travers ce moyen âge que seul Gautier pouvait me révéler. Mais j'aurais voulu qu'au lieu de dire cela furtivement après l'ennuyeuse description d'un château que le trop grand nombre de termes que je ne connaissais pas m'empêchait de me figurer le moins du monde, il écrivît tout le long du volume des phrases de ce

And again, it is of our childhood reading that I am going to ask in what these virtues consist. That book which a while ago you saw me reading by the fireside in the dining room, and in my bedroom, sunk in the armchair with a crocheted headrest, and during the beautiful hours of the afternoon under the hazels and hawthorns of the park, where all the exhalations of the endless fields came from far away to play silently near me, without a word offering to my inattentive nostrils the smell of the clover and the sainfoin on which I would at times lift my tired eyes—that book which your eyes, leaning toward, would not be able at twenty years' distance to decipher the title of, my memory, whose sight is more appropriate to this kind of perception, is going to tell you was *le Capitaine Fracasse,* by Théophile Gautier. In it I liked, above all, two or three sentences which seemed to me the most original and beautiful in the book. I did not imagine that another author might ever have written any comparable to them. But I had the feeling that their beauty corresponded to a reality of which Théophile Gautier would let us catch but a glimpse, once or twice in a book. And since I thought he assuredly knew it in its entirety, I would have liked to read other books by him where all the sentences would be as beautiful as those, and would be about things on which I would have wished to have his opinion. "Laughing is not cruel by nature; it distinguishes man from beast, and it is, as it appears in the Odyssey of Homer, poet of Greek fire, the property of the immortal and happy gods, who laugh Olympianly to their heart's content in the leisure of eternity."[7] This sentence truly intoxicated me. I thought I perceived a marvelous antiquity through that Middle Ages which only Gautier could reveal to me. But I would have wished that instead of saying something slyly after the tedious description of a castle which too many terms I did not know prevented me from imagining at all, he might have written throughout the book sentences of this kind and spoken about

genre et me parlât de choses qu'une fois son livre fini je pourrais continuer à connaître et à aimer. J'aurais voulu qu'il me dît, lui, le seul sage détenteur de la vérité, ce que je devais penser au juste de Shakespeare, de Saintine, de Sophocle, d'Euripide, de Silvio Pellico que j'avais lu pendant un mois de mars très froid, marchant, tapant des pieds, courant par les chemins, chaque fois que je venais de fermer le livre, dans l'exaltation de la lecture finie, des forces accumulées dans l'immobilité, et du vent salubre qui soufflait dans les rues du village. J'aurais voulu surtout qu'il me dît si j'avais plus de chance d'arriver à la vérité en redoublant ou non ma sixième et en étant plus tard diplomate ou avocat à la Cour de cassation. Mais aussitôt la belle phrase finie il se mettait à décrire une table couverte «d'une telle couche de poussière qu'un doigt aurait pu y tracer des caractères,» chose trop insignifiante à mes yeux pour que je pusse même y arrêter mon attention; et j'en étais réduit à me demander quels autres livres Gautier avait écrits qui contenteraient mieux mon aspiration et me feraient connaître enfin sa pensée tout entière.

Et c'est là, en effet, un des grands et merveilleux caractères des beaux livres (et qui nous fera comprendre le rôle à la fois essentiel et limité que la lecture peut jouer dans notre vie spirituelle) que pour l'auteur ils pourraient s'appeler «Conclusions» et pour le lecteur «Incitations». Nous sentons très bien que notre sagesse commence où celle de l'auteur finit, et nous voudrions qu'il nous donnât des réponses, quand tout ce qu'il peut faire est de nous donner des désirs. Et ces désirs, il ne peut les éveiller en nous qu'en nous faisant contempler la beauté suprême à laquelle le dernier effort de son art lui a permis d'atteindre. Mais par une loi singulière et d'ailleurs providentielle de l'optique des esprits (loi qui signifie peut-être que nous ne pouvons recevoir la vérité de personne, et que nous devons la créer nous-même), ce qui est le terme de leur sagesse ne nous apparaît que comme le commencement de la nôtre, de sorte que c'est au moment où ils nous ont dit tout ce qu'ils pouvaient nous dire qu'ils font

things which, once I had read the book, I could have continued to know and to love. I would have wanted him, the
only wise holder of the truth, to tell me exactly what I was
to think of Shakespeare, Saintine, Sophocles, Euripides, Silvio Pellico, whom I had read during a very cold month of
March, walking, stamping my feet, running on the roads
each time I had just closed the book in the exaltation of the
finished reading, of the forces accumulated in immobility,
and of the bracing wind blowing in the streets of the village.
Above all, I would have wanted him to tell me whether I
had more chance of arriving at the truth by repeating my
first year at the lycée, and thus being a diplomat later, or a
lawyer at the Court of Appeals. But as soon as the beautiful
sentence was ended, he started describing a table covered
with "such a layer of dust that a finger could have traced letters on it," a thing too insignificant in my eyes for me to pay
it any attention; and I was reduced to asking what other
books Gautier had written that would better satisfy my aspiration and would finally let me fully know his thought.

And there, indeed, is one of the great and marvelous characters of beautiful books (and one which will make us under-
stand the role, at once essential and limited, that reading can
play in our spiritual life) which for the author could be called
"Conclusions" and for the reader "Incitements." We feel
quite truly that our wisdom begins where that of the author
ends, and we would like to have him give us answers, while
all he can do is give us desires. And these desires he can
arouse in us only by making us contemplate the supreme
beauty which the last effort of his art has permitted him to
reach. But by a singular and, moreover, providential law of
mental optics (a law which perhaps signifies that we can re-
ceive the truth from nobody, and that we must create it ourselves), that which is the end of their wisdom appears to us
as but the beginning of ours, so that it is at the moment when
they have told us all they could tell us, that they create in us

naître en nous le sentiment qu'ils ne nous ont encore rien dit. D'ailleurs, si nous leur posons des questions auxquelles ils ne peuvent pas répondre, nous leur demandons aussi des réponses qui ne nous instruiraient pas. Car c'est un effet de l'amour que les poètes éveillent en nous de nous faire attacher une importance littérale à des choses qui ne sont pour eux que significatives d'émotions personnelles. Dans chaque tableau qu'ils nous montrent, ils ne semblent nous donner qu'un léger aperçu d'un site merveilleux, différent du reste du monde, et au cœur duquel nous voudrions qu'ils nous fissent pénétrer. «Menez-nous», voudrions-nous pouvoir dire à M. Mæterlinck, à Mme de Noailles, «dans le jardin de Zélande où croissent les fleurs démodées», sur la route parfumée «de trèfle et d'armoise», et dans tous les endroits de la terre dont vous ne nous avez pas parlé dans vos livres, mais que vous jugez aussi beaux que ceux-là.» Nous voudrions aller voir ce champ que Millet (car les peintres nous enseignent à la façon des poètes) nous montre dans son *Printemps*, nous voudrions que M. Claude Monet nous conduisît à Giverny, au bord de la Seine, à ce coude de la rivière qu'il nous laisse à peine distinguer à travers la brume du matin. Or, en réalité, ce sont de simples hasards de relations ou de parenté, qui, en leur donnant l'occasion de passer ou de séjourner auprès d'eux, ont fait choisir pour les peindre à Mme de Noailles, à Mæterlinck, à Millet, à Claude Monet, cette route, ce jardin, ce champ, ce coude de rivière, plutôt que tels autres. Ce qui nous les fait paraître autres et plus beaux que le reste du monde, c'est qu'ils portent sur eux comme un reflet insaisissable l'impression qu'ils ont donnée au génie, et que nous verrions errer aussi singulière et aussi despotique sur la face indifférente et soumise de tous les pays qu'il aurait peints. Cette apparence avec laquelle ils nous charment et nous déçoivent et au delà de laquelle nous voudrions aller, c'est l'essence même de cette chose en quelque sorte sans épaisseur,— mirage arrêté sur une toile,—qu'est une vision. Et cette brume que nos yeux avides voudraient percer, c'est le dernier

the feeling that they have told us nothing yet. Besides, if we put to them questions they cannot answer, we also ask from them answers that would not instruct us. For it is an effect of the love which poets awake in us to make us attach a literal importance to things which for them are only significant of personal emotions. In each picture they show us, they seem to give us but a light glimpse of a marvelous site, different from the rest of the world, and to whose heart we would wish they might make us penetrate. "Take us," we would like to be able to say to Maeterlinck, to Madame de Noailles, "to the garden of Zealand where the 'out-of-fashion flowers grow,' on the road 'perfumed with clover and Saint John's wort,' and all the places on earth about which you have not spoken to us in your books, but which you deem as beautiful as those." We would like to go see that field which Millet (for the painters teach us the way the poets do) shows us in his "Spring," we would like Claude Monet to take us to Giverny, on the banks of the Seine, to that bend of the river which he hardly lets us distinguish through the morning mist. But, in reality, it is mere chance acquaintance or family ties, which, giving them the opportunity to travel or reside near them, have made Madame de Noailles, Maeterlinck, Millet, Claude Monet choose to paint that road, that garden, that field, that river bend, rather than others. What makes them appear different to us and more beautiful than the rest of the world is that they bear on them like an intangible reflection the impression they have given to genius, and which we would see, as singular and as despotic, moving over the indifferent and submissive face of all the countries they might have painted. This appearance with which they charm and deceive us, and beyond which we would like to go, is the very essence of that thing without thickness, so to speak—mirage fixed on a canvas—that a vision is. And that mist which our eager eyes would like to pierce is the last word of the painter's

mot de l'art du peintre. Le suprême effort de l'écrivain comme
de l'artiste n'aboutit qu'à soulever partiellement pour nous
le voile de laideur et d'insignifiance qui nous laisse incurieux
devant l'univers. Alors, il nous dit: «Regarde, regarde

> «Parfumés de trèfle et d'armoise,
> «Serrant leurs vifs ruisseaux étroits
> «Les pays de l'Aisne et de l'Oise.»

«Regarde la maison de Zélande, rose et luisante comme
un coquillage. Regarde! Apprends à voir!» Et à ce moment
il disparaît. Tel est le prix de la lecture et telle est aussi son
insuffisance. C'est donner un trop grand rôle à ce qui n'est
qu'une initiation d'en faire une discipline. La lecture est au
seuil de la vie spirituelle; elle peut nous y introduire; elle ne
la constitue pas.

Il est cependant certains cas, certains cas pathologiques
pour ainsi dire, de dépression spirituelle, où la lecture peut
devenir une sorte de discipline curative et être chargée, par
des incitations répétées, de réintroduire perpétuellement un
esprit paresseux dans la vie de l'esprit. Les livres jouent alors
auprès de lui un rôle analogue à celui des psychothérapeutes
auprès de certains neurasthéniques.

On sait que, dans certaines affections du système nerveux,
le malade, sans qu'aucun de ses organes soit lui-même atteint,
est enlizé dans une sorte d'impossibilité de vouloir, comme
dans une ornière profonde d'où il ne peut se tirer seul, et où
il finirait par dépérir, si une main puissante et secourable ne
lui était tendue. Son cerveau, ses jambes, ses poumons, son
estomac, sont intacts. Il n'a aucune incapacité réelle de tra-
vailler, de marcher, de s'exposer au froid, de manger. Mais
ces différents actes, qu'il serait très capable d'accomplir, il est
incapable de les vouloir. Et une déchéance organique qui
finirait par devenir l'équivalent des maladies qu'il n'a pas
serait la conséquence irrémédiable de l'inertie de sa volonté,
si l'impulsion qu'il ne peut trouver en lui-même ne lui venait
de dehors, d'un médecin qui voudra pour lui, jusqu'au jour

art. The supreme effort of the writer as of the painter succeeds
only in partially raising for us the veil of ugliness and insig-
nificance which leaves us indifferent before the universe. Then
he tells us: "Look, look

> Perfumed with clover and St. John's wort,
> Hugging their swift narrow brooks
> The countries of Aisne and Oise.*

"Look at the house in Zealand, pink and shiny as a sea
shell. Look! Learn how to see!" And then he disappears.
Such is the price of reading, and such is also its insufficiency.
To make a discipline of it is to give too great a role to what
is but an initiation. Reading is at the threshold of spiritual
life; it can introduce us to it; it does not constitute it.

There are, however, certain cases, certain pathological
cases, so to speak, of spiritual depression in which reading
can become a sort of curative discipline and assume the task,
through repeated stimulation, of continuously reintroduc-
ing a lazy mind into the life of the spirit. Books then play
for it a role similar to that of psychotherapists for certain
neurasthenics.

It is known that in certain diseases of the nervous system
the patient, without any one of his organs being affected, is
engulfed in a kind of impossibility of willing, as if he were
in a deep rut out of which he cannot pull himself on his own,
and in which he would finally waste away if a powerful and
helpful hand were not extended to him. His brain, his legs,
his lungs, his stomach are unaffected. He has no real inability
to work, to walk, to expose himself to cold, to eat. But these
various actions, which he could quite capably perform, he is
incapable of willing. And an organic decay, that would end
by becoming the equivalent of diseases he does not have,
would be the irremediable consequence of the inertia of his
will, if the impulse he cannot find in himself did not come to
him from outside, from a doctor who wills for him, until the

---

*Tr. by the editors

où seront peu à peu rééduqués ses divers vouloirs organiques.
Or, il existe certains esprits qu'on pourrait comparer à ces
malades et qu'une sorte de paresse (8) 'ou de frivolité em-
pêche de descendre spontanément dans les régions profondes
de soi-même où commence la véritable vie de l'esprit. Ce
n'est pas qu'une fois qu'on les y a conduits ils ne soient capa-
bles d'y découvrir et d'y exploiter de véritables richesses,
mais, sans cette intervention étrangère, ils vivent à la surface
dans un perpétuel oubli d'eux-mêmes, dans une sorte de pas-
sivité qui les rend le jouet de tous les plaisirs, les diminue à la
taille de ceux qui les entourent et les agitent, et, pareils à ce
gentilhomme qui, partageant depuis son enfance la vie des
voleurs de grand chemin, ne se souvenait plus de son nom,
pour avoir depuis trop longtemps cessé de le porter, ils fini-
raient par abolir en eux tout sentiment et tout souvenir de
leur noblesse spirituelle, si une impulsion extérieure ne venait
les réintroduire en quelque sorte de force dans la vie de l'esprit,
où ils retrouvent subitement la puissance de penser par eux-
mêmes et de créer. Or, cette impulsion que l'esprit paresseux
ne peut trouver en lui-même et qui doit lui venir d'autrui,
il est clair qu'il doit la recevoir au sein de la solitude hors de
laquelle, nous l'avons vu, ne peut se produire cette activité
créatrice qu'il s'agit précisément de ressusciter en lui. De la
pure solitude l'esprit paresseux ne pourrait rien tirer, puisqu'il
est incapable de mettre de lui-même en branle son activité
créatrice. Mais la conversation la plus élevée, les conseils les
plus pressants ne lui serviraient non plus à rien, puisque cette
activité originale ils ne peuvent la produire directement. Ce
qu'il faut donc, c'est une intervention qui, tout en venant
d'un autre, se produise au fond de nous-mêmes, c'est bien
l'impulsion d'un autre esprit, mais reçue au sein de la solitude. Or nous avons vu que c'était précisément là la défini-
tion de la lecture, et qu'à la lecture seule elle convenait. La
seule discipline qui puisse exercer une influence favorable sur
de tels esprits, c'est donc la lecture : ce qu'il fallait démontrer,
comme disent les géomètres. Mais, là encore, la lecture n'agit

day when little by little his various organic wills have been reeducated. Now, there are certain minds which one could compare to these invalids and which a kind of laziness[8] or frivolity prevents from descending spontaneously into the deep regions of the self where the true life of the mind begins. It is not that once they have been led there they are not able to discover and exploit its true riches, but that without this foreign intervention they live on the surface in a perpetual forgetfulness of themselves, in a kind of passivity which makes them the toy of all pleasures, diminishes them to the size of those who surround and agitate them; and like that nobleman who, sharing since his childhood the life of highway robbers, no longer remembered his name, having for too long ceased to bear it, they would finally extinguish in themselves all feeling and all remembrance of their spiritual nobility if an impulse from outside did not come to reintroduce them in some forceful way into the life of the spirit, where they suddenly find again the power to think for themselves and to create. Now, it is clear that this impulse which the slothful mind cannot find within itself and which must come to it from others must be received in the midst of solitude, outside of which, as we have seen, that creative activity which has to be revived in it cannot be produced. The indolent mind can obtain nothing from pure solitude since it is incapable of setting its creative activity in motion. But the loftiest conversation, the most pressing advice, would be of absolutely no use to it, since they cannot produce directly this original activity. What is necessary, then, is an intervention which, while coming from another, takes place in our own innermost selves, which is indeed the impetus of another mind, but received in the midst of solitude. Now we have seen that this was precisely the definition of reading, and that it fitted reading only. The sole discipline that can exert a favorable influence on such minds is therefore reading: *which was to be demonstrated,* as the geometricians say. But, here again, reading acts only in the manner of a stimulus

qu'à la façon d'une incitation qui ne peut en rien se substituer à notre activité personnelle; elle se contente de nous en rendre l'usage, comme, dans les affections nerveuses auxquelles nous faisions allusion tout à l'heure, le psychothérapeute ne fait que restituer au malade la volonté de se servir de son estomac, de ses jambes, de son cerveau, restés intacts. Soit d'ailleurs que tous les esprits participent plus ou moins à cette paresse, à cette stagnation dans les bas niveaux, soit que, sans lui être nécessaire, l'exaltation qui suit certaines lectures ait une influence propice sur le travail personnél, on cite plus d'un écrivain qui aimait à lire une belle page avant de se mettre au travail. Emerson commençait rarement à écrire sans relire quelques pages de Platon. Et Dante n'est pas le seul poète que Virgile ait conduit jusqu'au seuil du paradis.

Tant que la lecture est pour nous l'initiatrice dont les clefs magiques nous ouvrent au fond de nous-mêmes la porte des demeures où nous n'aurions pas su pénétrer, son rôle dans notre vie est salutaire. Il devient dangereux au contraire quand, au lieu de nous éveiller à la vie personnelle de l'esprit, la lecture tend à se substituer à elle, quand la vérité ne nous apparaît plus comme un idéal que nous ne pouvons réaliser que par le progrès intime de notre pensée et par l'effort de notre cœur, mais comme une chose matérielle, déposée entre les feuillets des livres comme un miel tout préparé par les autres et que nous n'avons qu'à prendre la peine d'atteindre sur les rayons des bibliothèques et de déguster ensuite passivement dans un parfait repos de corps et d'esprit. Parfois même, dans certains cas un peu exceptionnels, et d'ailleurs, nous le verrons, moins dangereux, la vérité, conçue comme extérieure encore, est lointaine, cachée dans un lieu d'accès difficile. C'est alors quelque document secret, quelque correspondance inédite, des mémoires qui peuvent jeter sur certains caractères un jour inattendu, et dont il est difficile d'avoir communication. Quel bonheur, quel repos pour un esprit fatigué de chercher la vérité en lui-même de se dire qu'elle

which can never be substituted for our personal activity; it contents itself with giving us the use of itself, as, in the nervous ailments to which we alluded a while ago, the psychotherapist does not do anything but restore to the patient the will to use his stomach, his legs, his brains, which have remained undamaged. Besides, either because all minds share more or less in this laziness, in this stagnation, at their low levels, or because, without being necessary to it, the exaltation that follows on reading certain books has a propitious influence on personal work, one can cite more than one writer who liked to read a beautiful page before starting to work. Emerson would rarely begin to write without rereading some pages of Plato. And Dante is not the only poet whom Virgil led to the threshold of paradise.

As long as reading is for us the initiator whose magic keys open to our innermost selves the doors of abodes into which we would not have known how to penetrate, its role in our life is salutary. But, on the contrary, reading becomes dangerous when instead of waking us to the personal life of the spirit, it tends to substitute itself for it, when truth no longer appears to us as an ideal we can realize only through the intimate progress of our thought and the effort of our heart, but as a material thing, deposited between the leaves of books like honey ready-made by others, and which we have only to take the trouble of reaching for on the shelves of libraries and then savoring passively in perfect repose of body and mind. At times even, in certain somewhat exceptional, and in other respects, as we shall see, less dangerous cases, the truth, still conceived as exterior, is far off, hidden in a place difficult of access. Then it is some secret document, some unpublished correspondence, memoirs which may cast an unexpected light on certain personalities, and about which it is difficult to obtain information. What happiness, what repose for a mind tired of seeking the truth within to tell itself that it is located outside, in the leaves of a folio jealously preserved in a convent in Holland, and that if in order to reach it one

est située hors de lui, aux feuillets d'un in-folio jalousement
conservé dans un couvent de Hollande, et que si, pour arriver
jusqu'à elle, il faut se donner de la peine, cette peine sera toute
matérielle, ne sera pour la pensée qu'un délassement plein
de charme. Sans doute, il faudra faire un long voyage, tra-
verser en coche d'eau les plaines gémissantes de vent, tandis
que sur la rive les roseaux s'inclinent et se relèvent tour à
tour dans une ondulation sans fin; il faudra s'arrêter à Dordrecht, qui mire son église couverte de lierre dans l'entrelacs
des canaux dormants et dans la Meuse frémissante et dorée
où les vaisseaux en glissant dérangent, le soir, les reflets
alignés des toits rouges et du ciel bleu; et enfin, arrivé au
terme du voyage, on ne sera pas encore certain de recevoir
communication de la vérité. Il faudra pour cela faire jouer
de puissantes influences, se lier avec le vénérable archevêque
d'Utrecht, à la belle figure carrée d'ancien janséniste, avec le
pieux gardien des archives d'Amersfoort. La conquête de la
vérité est conçue dans ces cas-là comme le succès d'une sorte
de mission diplomatique où n'ont manqué ni les difficultés du
voyage, ni les hasards de la négociation. Mais, qu'importe?
Tous ces membres de la vieille petite église d'Utrecht, de la
bonne volonté de qui il dépend que nous entrions en possession de la vérité, sont des gens charmants dont les visages
du XVIIᵉ siècle nous changent des figures accoutumées et avec
qui il sera si amusant de rester en relations, au moins par
correspondance. L'estime dont ils continueront à nous en-
voyer de temps à autre le témoignage nous relèvera à nos
propres yeux et nous garderons leurs lettres comme un certifi-
cat et comme une curiosité. Et nous ne manquerons pas un
jour de leur dédier un de nos livres, ce qui est bien le moins
que l'on puisse faire pour des gens qui vous ont fait don . . .
de la vérité. Et quant aux quelques recherches, aux courts
travaux que nous serons obligés de faire dans la bibliothèque
du couvent et qui seront les préliminaires indispensables de
l'acte d'entrée en possession de la vérité—de la vérité que pour
plus de prudence et pour qu'elle ne risque pas de nous échap-

has to go to some trouble, this trouble will be entirely material, will be for one's mind but a relaxation full of charm.
No doubt we will have to make a long trip, to cross in a
canal boat the moaning, windy plains, while on the banks
the reeds in turn bend and straighten up in an endless undula-
tion; we will have to stop at Dordrecht, whose ivy-covered
church is reflected in the still waters of the interlacing chan-
nels and in the trembling and golden Meuse where, in the evening, boats gliding along disarrange the reflected lines of the
red roofs and the blue sky; and finally, arrived at the end of the
journey, we will not yet be certain of receiving information
about the truth. For that, we will have to set powerful influences in motion, become acquainted with the venerable
archbishop of Utrecht who has the beautiful square face of
an old Jansenist, with the pious keeper of the Amersfoort
archives. In these cases, the conquest of truth is conceived
as the success of a kind of diplomatic mission during which
neither the difficulties of travel nor the hazards of negotiation
are wanting. But what does it matter? All those members
of the tiny old church of Utrecht, on whose good will de-
pends whether or not we enter into possession of the truth,
are charming people whose seventeenth-century faces are a
change for us from the faces we are accustomed to, and whom
it will be amusing to keep up with, at least by correspondence.
The esteem which they will continue from time to time to
send us testimony of will enhance us in our own eyes, and
we will keep their letters as a certificate and a curiosity. And
one day we will not fail to dedicate one of our books to them,
which is indeed the least that we may do for those who made
us a gift . . . of the truth. And as for the few inquiries, the
brief labors we will be obliged to undertake in the library of
the convent, and which will be the indispensable preliminaries
to the act of taking possession of the truth—of the truth
which for greater prudence, and so that we do not risk its
escaping us, we shall jot down—we would be ungracious to

per nous prendrons en note—nous aurions mauvaise grace
à nous plaindre des peines qu'ils pourront nous donner: le
calme et la fraîcheur du vieux couvent sont si exquises, où les
religieuses portent encore le haut hennin aux ailes blanches
qu'elles ont dans le Roger Van der Weyden du parloir; et,
pendant que nous travaillons, les carillons du XVIIᵉ siècle
étourdissent si tendrement l'eau naïve du canal qu'un peu de
soleil pâle suffit à éblouir entre la double rangée d'arbres
dépouillés dès la fin de l'été qui frôlent les miroirs accrochés
aux maisons à pignons des deux rives (9).

Cette conception d'une vérité sourde aux appels de la ré-
flexion et docile au jeu des influences, d'une vérité qui s'ob-
tient par lettres de recommandations, que vous remet en
mains propres celui qui la détenait matériellement sans peut-
être seulement la connaître, d'une vérité qui se laisse copier
sur un carnet, cette conception de la vérité est pourtant loin
d'être la plus dangereuse de toutes. Car bien souvent pour
l'historien, même pour l'érudit, cette vérité qu'ils vont chercher au loin dans un livre est moins, à proprement parler,
la vérité elle-même que son indice ou sa preuve, laissant par
conséquent place à une autre vérité qu'elle annonce ou qu'elle
vérifie et qui, elle, est du moins une création individuelle de
leur esprit. Il n'en est pas de même pour le lettré. Lui, lit pour
lire, pour retenir ce qu'il a lu. Pour lui, le livre n'est pas l'ange
qui s'envole aussitôt qu'il a ouvert les portes du jardin céleste,
mais une idole immobile, qu'il adore pour elle-même, qui,
au lieu de recevoir une dignité vraie des pensées qu'elle
éveille, communique une dignité factice à tout ce qui l'entoure. Le lettré invoque en souriant en l'honneur de tel nom
qu'il se trouve dans Villehardouin ou dans Boccace (10), en
faveur de tel usage qu'il est décrit dans Virgile. Son esprit
sans activité originale ne sait pas isoler dans les livres la substance qui pourrait le rendre plus fort; il s'encombre de leur
forme intacte, qui, au lieu d'être pour lui un élément assimilable, un principe de vie, n'est qu'un corps étranger, un principe de mort. Est-il besoin de dire que si je qualifie de malsains

complain of the troubles these labors may give us: the calm and coolness of the old convent are so exquisite, where the nuns still wear the tall headdress with the white wings that they have in the Roger van der Weyden in the parlor; and while we work, the seventeenth-century chimes startle so tenderly the naive water of the canal which a little pale sunshine is enough to dazzle between the double row of trees, stripped since summer's end, that brush the mirrors fixed to the gabled houses on both banks.[9]

This conception of a truth deaf to the appeals of reflection and docile to the play of influences, of a truth which is obtained by letters of introduction, that is delivered into our hands by one who retained it materially without perhaps even knowing it, of a truth that lets itself be copied in a notebook, this conception of the truth is, however, far from being the most dangerous of all. For very often, with the historian, the scholar, this truth that they go to seek far away in a book is, properly speaking, less the truth itself than its sign or proof, leaving room consequently for another truth which it announces or verifies, and which is at least an individual creation of their mind. It is not so for the literary man. He reads for reading's sake, to retain what he has read. For him the book is not the angel that flies away as soon as he has opened the doors of the celestial garden, but a motionless idol, which he adores for itself, which, instead of receiving a true dignity from the thoughts it awakens, communicates an artificial dignity to everything that surrounds it. Smiling, the literary man invokes in honor of a certain name the fact that it is found in Villehardouin or in Boccaccio,[10] in favor of a given custom that it is described in Virgil. His mind, lacking original quickness, does not know how to separate from books the substance that might make it stronger; he encumbers himself with their pure form which, instead of being an assimilable element for him, a source of life, is but a foreign substance, a cause of death. Need it be said that if I call this

ce goût, cette sorte de respect fétichiste pour les livres, c'est relativement à ce que seraient les habitudes idéales d'un esprit sans défauts qui n'existe pas, et comme font les physiologistes qui décrivent un fonctionnement d'organes normal tel qu'il ne s'en rencontre guère chez les êtres vivants. Dans la réalité, au contraire, où il n'y a pas plus d'esprits parfaits que de corps entièrement sains, ceux que nous appelons les grands esprits sont atteints comme les autres de cette «maladie littéraire». Plus que les autres, pourrait-on dire. Il semble que le goût des livres croisse avec l'intelligence, un peu au-dessous d'elle, mais sur la même tige, comme toute passion s'accompagne d'une prédilection pour ce qui entoure son objet, a du rapport avec lui, dans l'absence lui en parle encore. Aussi, les plus grands écrivains, dans les heures où ils ne sont pas en communication directe avec la pensée, se plaisent dans la société des livres. N'est-ce pas surtout pour eux, du reste, qu'ils ont été écrits; ne leur dévoilent-ils pas mille beautés, qui restent cachées au vulgaire? A vrai dire, le fait que des esprits supérieurs soient ce que l'on appelle livresques ne prouve nullement que cela ne soit pas un défaut de l'être. De ce que les hommes médiocres sont souvent travailleurs et les intelligents souvent paresseux, on ne peut pas conclure que le travail n'est pas pour l'esprit une meilleure discipline que la paresse. Malgré cela, rencontrer chez un grand homme un de nos défauts nous incline toujours à nous demander si ce n'était pas au fond une qualité méconnue, et nous n'apprenons pas sans plaisir qu'Hugo savait Quinte-Curce, Tacite et Justin par cœur, qu'il était en mesure, si on contestait devant lui la légitimité d'un terme (11), d'en établir la filiation, jusqu'à l'origine, par des citations qui prouvaient une véritable érudition. (J'ai montré ailleurs comment cette érudition avait chez lui nourri le génie au lieu de l'étouffer, comme un paquet de fagots qui éteint un petit feu et en accroît un grand.) Mæterlinck, qui est pour nous le contraire du lettré, dont l'esprit est perpétuellement ouvert aux mille émotions anonymes communiquées par la ruche, le parterre

taste, this kind of fetishistic respect for books, unhealthy, it is relative to what would be the ideal habits of a mind without defects, which does not exist, and as the physiologists do who describe a functioning of normal organs such as are hardly found in living beings. On the contrary, in reality, where there are no more perfect minds than entirely healthy bodies, those we call great minds suffer like the others from this "literary disease." More than the others, one could say. It seems that the taste for books grows with intelligence, a little below it but on the same stem, as every passion is accompanied by a predilection for that which surrounds its object, which has an affinity for it, which in its absence still speaks of it. So the greatest writers, during those hours when they are not in direct communication with their thought, delight in the society of books. Besides, is it not for them that they have been written; do they not disclose to them a thousand beauties which remain hidden to the masses? To tell the truth, the fact that some superior minds are what is called "bookish" does not at all prove that this is a defect. Because mediocre men are often hardworking, and intelligent ones often lazy, we cannot conclude that work is not a better discipline for the mind than laziness. Notwithstanding, finding one of our defects in a great man always inclines us to wonder whether it was not really an unrecognized quality, and it is not without pleasure that we learn that Hugo knew Quintus-Curtius, Tacitus, Justin by heart, that if the legitimacy of a term was disputed before him,[11] he was quite prepared to establish its derivation back to its origins by means of quotations which proved a real erudition. (Elsewhere I have shown how this erudition nourished his genius instead of stifling it, as a bundle of faggots which extinguishes a small fire increases a large one.) Maeterlinck, who is the opposite for us of a literary man, whose mind is perpetually open to the thousand nameless emotions communicated by the hive, the flower bed, or the meadow, greatly reassures us

ou l'herbage, nous rassure grandement sur les dangers de l'érudition, presque de la bibliophilie, quand il nous décrit en amateur les gravures qui ornent une vieille édition de Jacob Cats ou de l'abbé Sanderus. Ces dangers, d'ailleurs, quand ils existent, menaçant beaucoup moins l'intelligence que la sensibilité, la capacité de lecture profitable, si l'on peut ainsi dire, est beaucoup plus grande chez les penseurs que chez les écrivains d'imagination. Schopenhauer, par exemple, nous offre l'image d'un esprit dont la vitalité porte légèrement la plus énorme lecture, chaque connaissance nouvelle étant immédiatement réduite à la part de réalité, à la portion vivante qu'elle contient.

Schopenhauer n'avance jamais une opinion sans l'appuyer aussitôt sur plusieurs citations, mais on sent que les textes cités ne sont pour lui que des exemples, des allusions inconscientes et anticipées où il aime à retrouver quelques traits de sa propre pensée, mais qui ne l'ont nullement inspirée. Je me rappelle une page du *Monde comme Représentation et comme Volonté* où il y a peut-être vingt citations à la file. Il s'agit du pessimisme (j'abrège naturellement les citations): «Vol-«taire, dans *Candide*, fait la guerre à l'optimisme d'une manière «plaisante, Byron l'a faite, à sa façon tragique, dans *Caïn*. «Hérodote rapporte que les Thraces saluaient le nouveau-né «par des gémissements et se réjouissaient à chaque mort. «C'est ce qui est exprimé dans les beaux vers que nous rap-«porte Plutarque: «Lugere genitum, tanta qui intravit mala, «etc.» C'est à cela qu'il faut attribuer la coutume des Mexi-«cains de souhaiter, etc., et Swift obéissait au même sentiment «quand il avait coutume dès sa jeunesse (à en croire sa bio-«graphie par Walter Scott) de célébrer le jour de sa naissance «comme un jour d'affliction. Chacun connaît ce passage de «l'Apologie de Socrate où Platon dit que la mort est un bien «admirable. Une maxime d'Héraclite était conçue de même: «Vitæ nomen quidem est vita, opus autem mors.» Quant «aux beaux vers de Théognis ils sont célèbres: «Optima sors «homini non esse, etc.» Sophocle, dans l'*Œdipe à Colone* (1224),

on the dangers of erudition, almost of bibliophilism, when as
an amateur he describes for us the engravings which adorn an
old edition of Jacob Cats or of the abbé Sanderus. Since these
dangers, moreover, when they exist, threaten intelligence far
less than sensibility, the capacity for profitable reading, if
one may say so, is far greater with the thinkers than with
the great imaginative writers. Schopenhauer, for instance,
offers us the image of a mind whose vitality bears lightly
the most enormous reading, each new idea being immediately reduced to its share of reality, to the living portion it
contains.

Schopenhauer never advances an opinion without immediately supporting it with several quotations, but one feels that
the texts quoted are only examples for him, unconscious and
anticipated allusions where he likes to find again some traits
of his own thought, but which have not at all inspired it. I
remember a page of *The World as Will and Representation* where
there are perhaps twenty quotations one after another. It is
about pessimism (I abbreviate the quotations, of course):
"Voltaire, in *Candide*, wages war on optimism in a witty manner; Byron has done the same, in his tragic way, in *Cain*.
Herodotus recounts how the Thracians greeted the newborn
child with lamentations and rejoiced at each death. This is
what the splendid verses that Plutarch quotes for us express:
'Lugere genitum, tanta qui intravit mala, etc.' It is to this that
must be attributed the custom of the Mexicans in wishing,
etc. And Swift obeyed the same sentiment when from early
youth (to believe Sir Walter Scott's biography) he was accustomed to celebrate his birthday as a day of sorrow. Everyone knows this passage from the Apology of Socrates, where
Plato says that death is a wonderful good. A maxim of Hera-
clitus ran likewise: 'Vitae nomen quidem est vita, opus autem
mors.' The fine lines of Theognis are well known: 'optima
sors [natum] homini non esse, etc.' Sophocles in *Oedipus at
Colonus* (l. 1224) gives the following abbreviation of them:

«en donne l'abrégé suivant: «Natum non esse sortes vincit
«alias omnes, etc.» Euripide dit: «Omnis hominum vita est
«plena dolore (*Hippolyte*, 189), et Homère l'avait déjà dit:
«Non enim quidquam alicubi est calamitosius homine om-
«nium, quotquot super terram spirant, etc.» D'ailleurs Pline,
«l'a dit aussi: «Nullum melius esse tempestiva morte.»
«Shakespeare met ces paroles dans la bouche du vieux roi
«Henri IV: «O, if this were seen—The happiest youth,—
«Would shut the book and sit him down and die.» Byron
«enfin: «Tis something better not to be.» Balthazar Gracian
«nous dépeint l'existence sous les plus noires couleurs dans
«le *Criticon*, etc. (12)». Si je ne m'étais déjà laissé entrainer
trop loin par Schopenhauer, j'aurais eu plaisir à compléter
cette petite démonstration à l'aide des *Aphorismes sur la
Sagesse dans la Vie,* qui est peut-être de tous les ouvrages que
je connais celui qui suppose chez un auteur, avec le plus de
lecture, le plus d'originalité, de sorte qu'en tête de ce livre,
dont chaque page renferme plusieurs citations, Schopenhauer
a pu écrire le plus sérieusement du monde: «Compiler n'est
pas mon fait.»

Sans doute, l'amitié, l'amitié qui a égard aux individus, est
une chose frivole, et la lecture est une amitié. Mais du moins
c'est une amitié sincère, et le fait qu'elle s'adresse à un mort,
à un absent, lui donne quelque chose de désintéressé, de presque touchant. C'est de plus une amitié débarrassée de tout
ce qui fait la laideur des autres. Comme nous ne sommes tous,
nous les vivants, que des morts qui ne sont pas encore entrés
en fonctions, toutes ces politesses, toutes ces salutations dans
le vestibule que nous appelons déférence, gratitude, dévoue-
ment et où nous mêlons tant de mensonges, sont stériles et
fatigantes. De plus,—dès les premières relations de sympa-
thie, d'admiration, de reconnaissance,—les premières paroles
que nous prononçons, les premières lettres que nous écri-
vons, tissent autour de nous les premiers fils d'une toile
d'habitudes, d'une véritable manière d'être, dont nous ne
pouvons plus nous débarrasser dans les amitiés suivantes;

'Natum non esse sortes vincit alias omnes.' Euripides says: 'Omnis hominum vita est plena dolore' (*Hippolytus*, 189), and Homer had already said: 'Non enim quidquam alicubi est calamitosius homine omnium, quotquot super terram spirant, etc.' Moreover, Pliny said it also: 'Nullum melius esse tempestiva morte.' Shakespeare puts these words in the mouth of the old king Henry IV: 'O, if this were seen—The happiest youth,—Would shut the book and sit him down and die.' Finally Byron: 'Tis something better not to be.' Balthazar Gracian paints existence in the blackest colors in his *Criticón*, etc."[12] Had I not already been carried too far by Schopenhauer, I would have taken pleasure in completing this little demonstration with the help of *Aphorisms on Wisdom in Life,* which is perhaps of all the works I know the one which implies in an author, along with the most reading, the most originality, so that at the head of that book, each page of which contains several quotations, Schopenhauer was able to write quite seriously: "To compile is not my business."

No doubt friendship, friendship for individuals, is a frivolous thing, and reading is a friendship. But at least it is a sincere friendship, and the fact that it is directed to one who is dead, who is absent, gives it something disinterested, almost moving. It is, moreover, a friendship unencumbered with all that makes up the ugliness of other kinds. Since we are all, we the living, only the dead who have not yet assumed our roles, all these compliments, all these greetings in the hall which we call deference, gratitude, devotion, and in which we mingle so many lies, are sterile and tiresome. Furthermore—from our first relations of sympathy, of admiration, of gratitude— the first words we speak, the first letters we write, weave around us the initial threads of a web of habits, of a veritable manner of being from which we can no longer extricate ourselves in ensuing friendships, without reckoning that during

sans compter que pendant ce temps-là les paroles excessives
que nous avons prononcées restent comme des lettres de
change que nous devons payer, ou que nous paierons plus
cher encore toute notre vie des remords de les avoir laissé
protester. Dans la lecture, l'amitié est soudain ramenée à sa
pureté première. Avec les livres, pas d'amabilité. Ces amis-là,
si nous passons la soirée avec eux, c'est vraiment que nous
en avons envie. Eux, du moins, nous ne les quittons souvent
qu'à regret. Et quand nous les avons quittés, aucune de ces
pensées qui gâtent l'amitié: Qu'ont-ils pensé de nous?—
N'avons-nous pas manqué de tact?—Avons-nous plu?—et
la peur d'être oublié pour tel autre. Toutes ces agitations de
l'amitié expirent au seuil de cette amitié pure et calme qu'est
la lecture. Pas de déférence non plus; nous ne rions de ce
que dit Molière que dans la mesure exacte où nous le trou-
vons drôle; quand il nous ennuie, nous n'avons pas peur
d'avoir l'air ennuyé, et quand nous avons décidément assez
d'être avec lui, nous le remettons à sa place aussi brusquement que s'il n'avait ni génie ni célébrité. L'atmosphère de
cette pure amitié est le silence, plus pur que la parole. Car
nous parlons pour les autres, mais nous nous taisons pour
nous-mêmes. Aussi le silence ne porte pas, comme la parole,
la trace de nos défauts, de nos grimaces. Il est pur, il est vraiment une atmosphère. Entre la pensée de l'auteur et la nôtre
il n'interpose pas ces éléments irréductibles, réfractaires à la
pensée, de nos égoïsmes différents. Le langage même du livre
est pur (si le livre mérite ce nom), rendu transparent par la
pensée de l'auteur qui en a retiré tout ce qui n'était pas elle-
même jusqu'à le rendre son image fidèle; chaque phrase, au
fond, ressemblant aux autres, car toutes sont dites par l'in-
flexion unique d'une personnalité; de là une sorte de continu-
ité, que les rapports de la vie et ce qu'ils mêlent à la pensée
d'éléments qui lui sont étrangers excluent et qui permet très
vite de suivre la ligne même de la pensée de l'auteur, les
traits de sa physionomie qui se reflètent dans ce calme miroir.
Nous savons nous plaire tour à tour aux traits de chacun sans

that time the excessive words we have spoken remain like debts which we have to pay, or which we will pay still more dearly all our life with the remorse of having let ourselves refuse them. In reading, friendship is suddenly brought back to its first purity. With books, no amiability. These friends, if we spend an evening with them, it is truly because we desire them. In their case, at least, we leave often only with regret. And with none of those thoughts, when we have left, that spoil friendship: What did they think of us? Didn't we lack tact? Did we please?—and the fear of being forgotten for another. All these agitations of friendship come to an end at the threshold of that pure and calm friendship that reading is. No more deference: we laugh at what Molière says only to the exact degree we find him funny; when he bores us, we are not afraid to appear bored, and when we decidedly have had enough of being with him, we put him back in his place as bluntly as if he had neither genius nor fame. The atmosphere of that pure friendship is silence, purer than speech. For we speak for others, but we keep silent for ourselves. Also, silence does not bear, like speech, the trace of our defects, of our grimaces. It is pure, it is truly an atmosphere. Between the author's thought and ours it does not interpose those irreducible elements of our different egotisms which refuse to submit to thought. The very language of the book is pure (if the book deserves that name), made transparent by the author's thought which has removed everything from it that was not itself, to the point of giving it back its faithful image; each sentence, in essence, resembling the others, for all are spoken with the unique inflection of a personality; hence a kind of continuity, that relationships in life and the foreign elements they involve our thinking in exclude, and which very quickly allows us to follow the very line of the author's thought, the traits of his character reflected in this calm mirror. We are able to take pleasure by turns in the traits of each writer without requiring them to be marvelous,

avoir besoin qu'ils soient admirables, car c'est un grand plaisir pour l'esprit de distinguer ces peintures profondes et d'aimer d'une amitié sans égoïsme, sans phrases, comme en soi-même. Un Gautier, simple bon garçon plein de goût (cela nous amuse de penser qu'on a pu le considérer comme le représentant de la perfection dans l'art), nous plaît ainsi. Nous ne nous exagérons pas sa puissance spirituelle, et dans son *Voyage en Espagne*, où chaque phrase, sans qu'il s'en doute, accentue et poursuit le trait plein de grâce et de gaieté de sa personnalité (les mots se rangeant d'eux-mêmes pour la dessiner, parce que c'est elle qui les a choisis et disposés dans leur ordre), nous ne pouvons nous empêcher de trouver bien éloignée de l'art véritable cette obligation à laquelle il croit devoir s'astreindre de ne pas laisser une seule forme sans la décrire entièrement, en l'accompagnant d'une comparaison qui, n'étant née d'aucune impression agréable et forte, ne nous charme nullement. Nous ne pouvons qu'accuser la pitoyable sécheresse de son imagination quand il compare la campagne avec ses cultures variées «à ces cartes de tailleurs où sont collés les échantillons de pantalons et de gilets» et quand il dit que de Paris à Angoulême il n'y a rien à admirer. Et nous sourions de ce gothique fervent qui n'a même pas pris la peine d'aller à Chartres visiter la cathédrale (13).

Mais quelle bonne humeur, quel goût! comme nous le suivons volontiers dans ses aventures, ce compagnon plein d'entrain; il est si sympathique que tout autour de lui nous le devient. Et après les quelques jours qu'il a passés auprès du commandant Lebarbier de Tinan, retenu par la tempête à bord de son beau vaisseau «étincelant comme de l'or», nous sommes tristes qu'il ne nous dise plus un mot de cet aimable marin et nous le fasse quitter pour toujours sans nous apprendre ce qu'il est devenu (14). Nous sentons bien que sa gaieté hâbleuse et ses mélancolies aussi sont chez lui habitudes un peu débraillées de journaliste. Mais nous lui passons tout cela, nous faisons ce qu'il veut, nous nous amusons quand il rentre trempé jusqu'aux os, mourant de faim et de

for it is a great delight for the mind to distinguish these consummate pictures and to love with an unselfish friendship, without stock phrases, as within oneself. A Gautier, straightforward good fellow with a great deal of taste (it amuses us to think they have been able to consider him the representative of perfection in art), pleases us that way. We do not exaggerate to ourselves his spiritual power, and in his *Voyage en Espagne,* where each sentence, without his suspecting it, accentuates and follows the features of his personality, full of grace and gaiety (the words arranging themselves of their own accord in order to sketch it, because it is his personality that has chosen them and disposed them in their order), we cannot help finding, quite far from true art, this obligation to which he believes he must submit, not to leave behind a single shape without describing it entirely, accompanying it with a comparison which, not being born from any pleasing and strong impression, does not charm us at all. We can only reproach the pitiful dryness of his imagination when he compares the countryside with its various farms "to those tailors' cardboards on which samples of trousers and vests are pasted," and when he says that from Paris to Angoulême there is nothing to admire. And we smile at this fervent Gothic who did not even take the trouble at Chartres to go visit the cathedral.[13]

But what good humor, what taste! How willingly we follow him in his adventures, this companion full of spirit; he is so likable that everything around him becomes so. And after the few days he spent with Captain Lebarbier de Tinan, kept by the storm aboard his beautiful ship "shining like gold," we are sad when he tells us nothing more about this amiable sailor, and makes us leave him forever without informing us what becomes of him.[14] We feel rightly that his ostentatious gaiety and his melancholy moods as well are the rather loose habits of the journalist in him. But we allow him all this, we go along with him, we are amused when he returns

sommeil, et nous nous attristons quand il récapitule avec une tristesse de feuilletonniste les noms des hommes de sa génération morts avant l'heure. Nous disions à propos de lui que ses phrases dessinaient sa physionomie, mais sans qu'il s'en doutât; car si les mots sont choisis, non par notre pensée selon les affinités de son essence, mais par notre désir de nous peindre, il représente ce désir et ne nous représente pas. Fromentin, Musset, malgré tous leurs dons, parce qu'ils ont voulu laisser leur portrait à la postérité, l'ont peint fort médiocre; encore nous intéressent-ils infiniment, même par là, car leur échec est instructif. De sorte que quand un livre n'est pas le miroir d'une individualité puissante, il est encore le miroir de défauts curieux de l'esprit. Penchés sur un livre de Fromentin ou sur un livre de Musset, nous apercevons au fond du premier ce qu'il y a de court et de niais dans une certaine «distinction», au fond du second, ce qu'il y a de vide dans l'éloquence.

Si le goût des livres croît avec l'intelligence, ses dangers, nous l'avons vu, diminuent avec elle. Un esprit original sait subordonner la lecture à son activité personnelle. Elle n'est plus pour lui que la plus noble des distractions, la plus ennoblissante surtout, car, seuls, la lecture et le savoir donnent les «belles manières» de l'esprit. La puissance de notre sensibilité et de notre intelligence nous ne pouvons la développer qu'en nous-mêmes, dans les profondeurs de notre vie spirituelle. Mais c'est dans ce contact avec les autres esprits qu'est la lecture, que se fait l'éducation des «façons» de l'esprit. Les lettrés restent, malgré tout, comme les gens de qualité de l'intelligence, et ignorer certain livre, certaine particularité de la science littéraire, restera toujours, même chez un homme de génie, une marque de roture intellectuelle. La distinction et la noblesse consistent, dans l'ordre de la pensée aussi, dans une sorte de franc-maçonnerie d'usages, et dans un héritage de traditions (15).

Très vite, dans ce goût et ce divertissement de lire, la préférence des grands écrivains va aux livres des anciens. Ceux

soaked to the bones, dying of hunger and sleeplessness, and
we grow sad when he recapitulates with the gloom of a writer
of serial stories the names of men of his generation who died
before their time. We were saying apropos of him that his
sentences sketched his character, but without his suspecting
it; for if words are chosen not by our thought according to
its essential affinities, but by our desire to depict ourselves,
this desire is represented and we are not. Fromentin, Musset,
in spite of their gifts, because they wanted to leave their portrait to posterity, painted it very poorly; yet, even so, they
interested us immensely, for their failure is instructive. So
that when a book is not the mirror of a powerful individuality, it is still the mirror of curious defects of the mind.
Bent over a book by Fromentin or a book by Musset, we per-
ceive at the core of the first what is limited and silly in a certain "distinction," at the core of the second to what degree
the eloquence is empty.

If the taste for books increases with intelligence, its dangers, we have seen, decrease with it. An intelligent mind
knows how to subordinate reading to its personal activity.
Reading is for it but the noblest of distractions, the most
ennobling one of all, for only reading and knowledge produce the "good manners" of the mind. We can develop the
power of our sensibility and our intelligence only within ourselves, in the depths of our spiritual life. But it is from this
contact with other minds, which reading is, that the educa-
tion of the "manners" of the mind is gotten. In spite of everything, literary men are still like the people of quality of the
intelligence, and not to know a certain book, a certain par-
ticularity of literary science, will always remain, even in a
man of genius, a mark of intellectual commonness. Distinction and nobility consist, in the order of thought also, in a
kind of freemasonry of customs, and in an inheritance of
traditions.[15]

In this taste for and this entertainment in reading, very
quickly the preference of great writers is for the older books.

mêmes qui parurent à leurs contemporains les plus «romantiques» ne lisaient guère que les classiques. Dans la conversation de Victor Hugo, quand il parle de ses lectures, ce sont les noms de Molière, d'Horace, d'Ovide, de Regnard, qui reviennent le plus souvent. Alphonse Daudet, le moins livresque des écrivains, dont l'œuvre toute de modernité et de vie semble avoir rejeté tout héritage classique, lisait, citait, commentait sans cesse Pascal, Montaigne, Diderot, Tacite (16). On pourrait presque aller jusqu'à dire, renouvelant peut-être, par cette interprétation d'ailleurs toute partielle, la vieille distinction entre classiques et romantiques, que ce sont les publics (les publics intelligents, bien entendu) qui sont romantiques, tandis que les maîtres (même les maîtres dits romantiques, les maîtres préférés des publics romantiques) sont classiques. (Remarque qui pourrait s'étendre à tous les arts. Le public va entendre la musique de M. Vincent d'Indy, M. Vincent d'Indy relit celle de Monsigny (17). Le public va aux expositions de M. Vuillard et de M. Maurice Denis cependant que ceux-ci vont au Louvre.) Cela tient sans doute à ce que cette pensée contemporaine que les écrivains et les artistes originaux rendent accessible et désirable au public, fait dans une certaine mesure tellement partie d'eux-mêmes qu'une pensée différente les divertit mieux. Elle leur demande, pour qu'ils aillent à elle, plus d'effort, et leur donne aussi plus de plaisir; on aime toujours un peu à sortir de soi, à voyager, quand on lit.

Mais il est une autre cause à laquelle je préfère, pour finir, attribuer cette prédilection des grands esprits pour les ouvrages anciens (18). C'est qu'ils n'ont pas seulement pour nous, comme les ouvrages contemporains, la beauté qu'y sut mettre l'esprit qui les créa. Ils en reçoivent une autre plus émouvante encore, de ce que leur matière même, j'entends la langue où ils furent écrits, est comme un miroir de la vie. Un peu du bonheur qu'on éprouve à se promener dans une ville comme Beaune qui garde intact son hôpital du xvᵉ siècle, avec son puits, son lavoir, sa voûte de charpente lam-

Even those writers who to their contemporaries appeared to be the most "romantic" read scarcely anything but the classics. In Victor Hugo's conversation, when he speaks of his reading, it is the names of Molière, Horace, Ovid, Regnard that come up most often. Alphonse Daudet, the least bookish of writers, who in his work, full of modernity and life, seems to have rejected any classic..l heritage, constantly read, quoted, and commented on Pascal, Montaigne, Diderot, Tacitus.[16] One might almost go so far as to say, renewing perhaps by this interpretation, entirely partial though it be, the old distinction between the classicists and the romantics, that it is the public (the intelligent public, of course) that is romantic, while the masters (even the masters who are called "romantic," the masters whom the romantic public prefers) are classicists. (A remark that could be extended to all the arts. The public goes to listen to the music of Vincent d'Indy, Vincent d'Indy studies Monsigny's.[17] The public goes to the expositions of Vuillard and Maurice Denis, while these men go to the Louvre.) That is doubtless because contemporary thought, which original writers and artists make accessible and desirable to the public, is to a certain extent so much a part of themselves that a different type of thought is more entertaining to them. It requires of them, in order to go on to it, more effort, and also gives them more pleasure; we always like to escape a bit from ourselves, to travel, when reading.

But there is another cause to which I prefer, in concluding, to attribute this predilection of great minds for the works of antiquity.[18] It is that they do not have for us, like contemporary works, only the beauty which the mind that created them knew how to put there. They harbor another still more moving beauty from the fact that their very matter, I mean the language in which they were written, is like a mirror of life. A little of the happiness one experiences while taking a walk in a city like Beaune, which keeps intact its fifteenth-century hospital, with its well, its wash-house, its

brissée et peinte, son toit à hauts pignons percé de lucarnes
que couronnent de légers épis en plomb martelé (toutes ces
choses qu'une époque en disparaissant a comme oubliées là,
toutes ces choses qui n'étaient qu'à elle, puisque aucune des
époques qui l'ont suivie n'en a vu naître de pareilles), on
ressent encore un peu de ce bonheur à errer au milieu d'une
tragédie de Racine ou d'un volume de Saint-Simon. Car ils
contiennent toutes les belles formes de langage abolies qui
gardent le souvenir d'usages ou de façons de sentir qui
n'existent plus, traces persistantes du passé à quoi rien du
présent ne ressemble et dont le temps, en passant sur elles,
a pu seul embellir encore la couleur.

Une tragédie de Racine, un volume des mémoires de Saint-
Simon ressemblent à de belles choses qui ne se font plus. Le
langage dans lequel ils ont été sculptés par de grands artistes
avec une liberté qui en fait briller la douceur et saillir la force
native, nous émeut comme la vue de certains marbres, aujourd'hui inusités, qu'employaient les ouvriers d'autrefois.
Sans doute dans tel de ces vieux édifices la pierre a fidèle-
ment gardé la pensée du sculpteur, mais aussi, grâce au sculpteur, la pierre, d'une espèce aujourd'hui inconnue, nous a
été conservée, revêtue de toutes les couleurs qu'il a su tirer
d'elle, faire apparaître, harmoniser. C'est bien la syntaxe vivante en France au xviie siècle—et en elle des coutumes et
un tour de pensée disparus—que nous aimons à trouver dans
les vers de Racine. Ce sont les formes mêmes de cette syntaxe,
mises à nu, respectées, embellies par son ciseau si franc et si
délicat, qui nous émeuvent dans ces tours de langage familiers
jusqu'à la singularité et jusqu'à l'audace (19) et dont nous
voyons, dans les morceaux les plus doux et les plus tendres,
passer comme un trait rapide ou revenir en arrière en belles
lignes brisées, le brusque dessin. Ce sont ces formes révolues
prises à même la vie du passé que nous allons visiter dans
l'œuvre de Racine comme dans une cité ancienne et demeurée
intacte. Nous éprouvons devant elles la même émotion que
devant ces formes abolies, elles aussi, de l'architecture, que

vault of paneled and painted timber, its roof with high gables pierced by skylights and crowned with graceful spikes of hammered lead (all those things which a disappearing period seems to have forgotten there, all those things that belonged to it only, since none of the periods that followed saw any similar things appear)—one still experiences a little of that happiness when wandering in the midst of a tragedy by Racine, or a book by Saint-Simon. For they contain all the beautiful outdated forms of language which preserve the memory of usages and ways of feeling that no longer exist, persistent traces of the past which nothing in the present resembles, and of which time alone, passing over them, has still been able to embellish the coloring.

A tragedy by Racine, a book of memoirs by Saint-Simon, resemble beautiful things that are no longer made. The language in which they have been sculpted by great artists with a freedom that makes their sweetness shine and their native force stand out moves us like the sight of certain marbles unused today, which the workers of the past used. No doubt in those old buildings the stone has faithfully kept the thought of the sculptor, but also, thanks to the sculptor, the stone, of a kind unknown today, has been preserved for us, adorned with all the colors he knew how to obtain from it, to bring out, to harmonize. It is indeed the living syntax of the France of the seventeenth century—and in it customs and a manner of thought now vanished—that we like to find in the verses of Racine. It is the very forms of that syntax, laid bare, revered, embellished by his chisel so frank and so delicate, which move us in those turns of phrase familiar to the point of singularity and audacity,[19] and whose abrupt pattern we see, in the sweetest and most touching passages, fading like a swift arrow or coming back again in beautiful broken lines. It is those completed forms, true to the very life of the past, that we go to visit in the work of Racine as in an ancient city which has remained intact. In their presence we experience the same emotion as in the presence of those forms of archi-

nous ne pouvons plus admirer que dans les rares et magni-
fiques exemplaires que nous en a légués le passé qui les fa-
çonna; telles que les vieilles enceintes des villes, les donjons
et les tours, les baptistères des églises; telles qu'auprès du
cloître, ou sous le charnier de l'Aitre, le petit cimetière qui
oublie au soleil, sous ses papillons et ses fleurs, la Fontaine
funéraire et la Lanterne des Morts.

Bien plus, ce ne sont pas seulement les phrases qui dessi-
nent à nos yeux les formes de l'âme ancienne. Entre les phrases
—et je pense à des livres très antiques qui furent d'abord récités,—dans l'intervalle qui les sépare se tient encore aujourd'hui comme dans un hypogée inviolé, remplissant les
interstices, un silence bien des fois séculaire. Souvent dans
l'Evangile de saint Luc, rencontrant les *deux points* qui l'in-
terrompent avant chacun des morceaux presque en forme de
cantiques dont il est parsemé (20), j'ai entendu le silence du
fidèle, qui venait d'arrêter sa lecture à haute voix pour en-
tonner les versets suivants (21) comme un psaume qui lui
rappelait les psaumes plus anciens de la Bible. Ce silence
remplissait encore la pause de la phrase qui, s'étant scindée
pour l'enclore, en avait gardé la forme; et plus d'une fois,
tandis que je lisais, il m'apporta le parfum d'une rose que la
brise entrant par la fenêtre ouverte avait répandu dans la
salle haute où se tenait l'Assemblée et qui ne s'était pas éva-
poré depuis dix-sept siècles.

Que de fois, dans la Divine Comédie, dans Shakespeare,
j'ai eu cette impression d'avoir devant moi, inséré dans l'heure
présente, actuelle, un peu du passé, cette impression de rêve
qu'on ressent à Venise sur la Piazzetta, devant ses deux colonnes de granit gris et rose qui portent sur leurs chapiteaux
grecs, l'une le Lion de Saint-Marc, l'autre saint Théodore
foulant aux pieds le crocodile,—belles étrangères venues
d'Orient sur la mer qu'elles regardent au loin et qui vient
mourir à leurs pieds, et qui toutes deux, sans comprendre les
propos échangés autour d'elles dans une langue qui n'est pas
celle de leur pays, sur cette place publique où brille encore

tecture, also discarded, which we can admire only in the rare
and magnificent examples which the past that fashioned them
has left to us: such as the old walls of cities, the dungeons
and the towers, the church baptistries; such as, near the clois-
ter or under the charnel house of the atrium, the little ceme-
tery, which in the sun, under its butterflies and its flowers,
forgets the funereal Fountain and the Lantern of the Dead.

Furthermore, it is not only the sentences which trace for
our eyes the forms of the ancient soul. Between the sentences—and I am thinking of very ancient books which were
first recited—in the interval separating them, there still re-
mains today as in an inviolate burial chamber, filling the interstices, a silence centuries old. Often in the Gospel of St. Luke,
coming to a colon that halts it before each of those passages
almost in the form of canticles with which it is sown,[20] I have
heard the silence of the worshipper who has just stopped
reading aloud in order to sing the succeeding verses[21] like a
psalm which reminded him of the most ancient psalms of the
Bible. This silence was still filling the pause in the sentence
which, having divided to enclose it, had kept its form; and
more than once, while I was reading, it brought me the perfume of a rose which the breeze, entering through the open
window, had spread in the upper rooms where the congregation was gathered, and which had not evaporated for seven-
teen centuries.

How many times, in *The Divine Comedy*, in Shakespeare,
have I known that impression of having before me, inserted
in the present actual hour, a little of the past, that dreamlike
impression which one experiences in Venice on the Piazzetta,
before its two columns of gray and pink granite that support
on their Greek capitals, one the Lion of Saint Mark, the other
Saint Theodore trampling the crocodile under his feet—beautiful strangers come from the Orient over the sea at which
they gaze in the distance and which comes to die at their
feet, and who both, without understanding the conversa-
tions going on around them in a language which is not that

leur sourire distrait, continuent à attarder au milieu de nous
leurs jours du xiie siècle qu'elles intercalent dans notre aujourd'hui. Oui, en pleine place publique, au milieu d'aujour-
d'hui dont il interrompt à cet endroit l'empire, un peu du
xiie siècle, du xiie siècle depuis si longtemps enfui, se dresse
en un double élan léger de granit rose. Tout autour, les jours
actuels, les jours que nous vivons circulent, se pressent en
bourdonnant autour des colonnes, mais là brusquement s'ar-
rêtent, fuient comme des abeilles repoussées; car elles ne sont
pas dans le présent, ces hautes et fines enclaves du passé, mais
dans un autre temps où il est interdit au présent de pénétrer.
Autour des colonnes roses, jaillies vers leurs larges chapiteaux, les jours actuels se pressent et bourdonnent. Mais,
interposées entre eux, elles les écartent, réservant de toute
leur mince épaisseur la place inviolable du Passé:—du
Passé familièrement surgi au milieu du présent, avec cette
couleur un peu irréelle des choses qu'une sorte d'illusion nous
fait voir à quelques pas, et qui sont en réalité situées à bien
des siècles; s'adressant dans tout son aspect un peu trop directement à l'esprit, l'exaltant un peu comme on ne saurait
s'en étonner de la part du revenant d'un temps enseveli;
pourtant là, au milieu de nous, approché, coudoyé, palpé,
immobile, au soleil.

of their country, on this public square where their heedless
smile still shines, keep on prolonging in our midst their days
of the twelfth century, which they interpose in our today.
Yes, in the middle of the public square, in the midst of today
whose empire it interrupts at this place, a little of the twelfth
century, of the twelfth century long since vanished, springs
up in a double, light thrust of pink granite. All around, the
actual days, the days we are living, circulate, rush buzzing
around the columns, but suddenly stop there, flee like re-
pelled bees; for those high and slender enclaves of the past
are not in the present, but in another time where the present
is forbidden to penetrate. Around the pink columns, surg-
ing up toward their wide capitals, the present days crowd
and buzz. But interposed between them, the columns push
them aside, reserving with all their slender impenetrability
the inviolate place of the Past: of the Past familiarly risen in
the midst of the present, with that rather unreal complexion
of things which a kind of illusion makes us see a few steps
ahead, and which are actually situated back many centuries;
appealing in its whole aspect a little too positively to the mind,
overexciting it a little, as should not be surprising on the
part of a ghost from a buried past; yet there, in our midst,
approached, pressed against, touched, motionless, in the sun.

Notes

1. Je n'ai essayé, dans cette préface, que de réfléchir à mon tour sur le même sujet qu'avait traité Ruskin dans les *Trésors des Rois*) l'utilité de la Lecture. Par là ces quelques pages où il n'est guère question de Ruskin constituent cependant, si l'on veut, une sorte de critique indirecte de sa doctrine. En exposant mes idées, je me trouve involontairement les opposer d'avance aux siennes. Comme commentaire direct, les notes que j'ai mises au bas de presque chaque page du texte de Ruskin suffisaient. Je n'aurais donc rien à ajouter ici si je ne tenais à renouveler l'expression de ma reconnaissance à mon amie Mlle Marie Nordlinger qui, tellement mieux occupée à ces beaux travaux de ciselure où elle montre tant d'originalité et de maîtrise, a bien voulu pourtant revoir de près cette traduction, souvent la rendre moins imparfaite. Je veux remercier aussi pour tous les précieux renseignements qu'il a bien voulu me faire parvenir M. Charles Newton Scott, le poète et l'érudit à qui l'on doit «L'Eglise et la pitié envers les animaux» et «L'Epoque de Marie-Antoinette», deux livres charmants qui devraient être plus connus en France, pleins de savoir, de sensibilité et d'esprit.

P.-S.—Cette traduction était déjà chez l'imprimeur quand a paru dans le magnifique édition anglaise (*Library Edition*) des œuvres de Ruskin que publient chez Allen MM. E.-T. Cook et Alexander Wedderburn, le tome contenant *Sésame et les Lys* (au mois de juillet 1905). Je m'empressai de redemander mon manuscrit, espérant compléter quelques-unes de mes notes à l'aide de celles de MM. Cook et Wedderburn. Malheureusement si cette édition m'a infiniment intéressé, elle n'a pu autant que je l'aurais voulu me servir au point de vue de mon volume. Bien entendu la plupart des références étaient déjà indiquées dans mes notes. La *Library Edition* m'en a cependant fourni quelques nouvelles. Je les ai fait suivre des mots «nous dit la *Library Edition*», ne lui ayant jamais emprunté un renseignement sans indiquer immédiatement d'où il m'était venu. Quant aux rapprochements avec le reste de l'œuvre de Ruskin on remarquera que la *Library Edition* renvoie à des textes dont je n'ai pas parlé, et que je renvoie à des textes qu'elle ne

Notes

1. In this preface I have only tried to reflect in my turn on the same subject that Ruskin had treated in "Of Kings' Treasuries": the utility of reading. Thus these pages, which are hardly about Ruskin, constitute nevertheless a sort of indirect criticism of his doctrine. By making known my ideas, I find myself involuntarily opposing them in advance to his. As a direct commentary, my footnotes at almost every page of Ruskin's text sufficed. I would therefore have nothing to add here were I not anxious to express again my gratitude to my friend Miss Marie Nordlinger who, so much better occupied by those beautiful works of carving in which she shows so much originality and mastery, has nevertheless consented to go over this translation, often making it less imperfect. For the valuable information he sent me, I also want to thank Mr. Charles Newton Scott, the poet and scholar to whom we owe *The Church and Compassion for Animals* and *The Epoch of Marie Antoinette*, two fascinating books, full of knowledge, feeling, and talent, which should be better known in France.

P.S.—This translation was already at the printer's when there appeared in the magnificent English edition (Library Edition) of Ruskin's works being published by Allen and edited by E. T. Cook and Alexander Wedderburn the volume containing *Sesame and Lilies* (July, 1905). I hastened to recall my manuscript, hoping to complete some of my notes with the help of those of Cook and Wedderburn. Unfortunately, though this edition interested me very much, it has not helped me with my book as much as I would have wished. Of course, most references were already indicated in my notes. The Library Edition, however, provided me with some new ones. These are followed by the words "the Library Edition tells us," for I have never utilized information without immediately indicating where I got it. As for the comparisons with the rest of the works of Ruskin, the reader will notice that the Library Edition refers to texts about which I have not spoken, and that I refer to texts it does not mention. Those readers of mine who do not know my preface to *The Bible of Amiens* will perhaps find that,

mentionne pas. Ceux de mes lecteurs qui ne connaissent pas ma préface à la Bible d'Amiens trouveront peut-être que, venant ici le second, j'aurais dû profiter des références ruskiniennes de MM. Cook et Wedderburn. Les autres comprenant ce que je me propose dans ces éditions ne s'étonneront pas que je ne l'aie pas fait. Ces rapprochements tels que je les conçois sont essentiellement individuels. Ils ne sont rien qu'un éclair de la mémoire, une lueur de la sensibilité qui éclairent brusquement ensemble deux passages différents. Et ces clartés ne sont pas aussi fortuites qu'elles en ont l'air. En ajouter d'artificielles, qui ne seraient pas jaillies du plus profond de moi-même fausserait la vue que j'essaye, grâce à elles, de donner de Ruskin. La *Library Edition* donne aussi de nombreux renseignements historiques et biographiques, souvent d'un grand intérêt. On verra que j'en ai fait état quand je l'ai pu, rarement pourtant. D'abord ils ne répondaient pas absolument au but que je m'étais proposé. Puis la *Library Edition*, édition purement scientifique, s'interdit tout commentaire sur le texte de Ruskin, ce qui lui laisse beaucoup de place pour tous ces documents nouveaux, tous ces inédits dont la mise au jour est à vrai dire sa véritable raison d'être. Je fais au contraire suivre le texte de Ruskin d'un commentaire perpétuel qui donne à ce volume des proportions déjà si considérables qu'y ajouter la reproduction d'inédits, de variantes, etc., l'aurait déplorablement surchargé. (J'ai dû renoncer à donner les Préfaces de *Sésame*, et la 3ᵉ Conférence que Ruskin ajouta plus tard aux deux primitives.) Tout ceci dit pour m'excuser de n'avoir pu profiter davantage des notes de MM. Cook et Wedderburn et aussi pour témoigner de mon admiration pour cette édition vraiment définitive de Ruskin, qui offrira à tous les Ruskiniens un si grand intérêt.

2. Ce que nous appelions, je ne sais pourquoi, un village est un chef-lieu de canton auquel le Guide Joanne donne près de 3.000 habitants.

3. J'avoue que certain emploi de l'imparfait de l'indicatif—de ce temps cruel qui nous présente la vie comme quelque chose d'éphémère à la fois et de passif, qui, au moment même où il retrace nos actions, les frappe d'illusion, les anéantit dans le passé sans nous laisser comme le parfait la consolation de l'activité—est resté pour moi une source inépuisable de mystérieuses tristesses. Aujourd'hui encore je peux avoir pensé pendant des heures à la mort avec calme; il me suffit d'ouvrir un volume des *Lundis* de Sainte-Beuve et d'y tomber par exemple sur cette phrase de Lamartine (il s'agit de Mᵐᵉ d'Albany): «Rien ne *rappelait* en elle à cette

coming second here, I should have taken advantage of the Ruskinian references given by Cook and Wedderburn. The others, understanding what my intentions are in these editions, will not be surprised that I did not do so. These comparisons, as I conceive them, are essentially individual. They are but a flash of memory, a gleam of feeling, which suddenly throw light on different passages at the same time. And these gleams are not as accidental as they may seem. Adding artificial ones that would not have leapt forth from my innermost self would warp the view that, by means of them, I am trying to give of Ruskin. The Library Edition also gives considerable historical and biographical information, often of great interest. The reader will see that I acknowledged this when I could, however rarely. First, it did not absolutely answer to the aim I had proposed to myself. Also, the Library Edition, a purely scholarly edition, refrains from any commentary on the Ruskinian text, and thus has ample room for all those new documents, previously unpublished, whose bringing to light is its real *raison d'être*. On the contrary, I have followed Ruskin's text with a continuous commentary, which gives this volume proportions already so considerable that adding the reproduction of unpublished documents, different readings, etc., would have deplorably overburdened it. (I had to leave out the Prefaces to "Sesame" and the third lecture added later by Ruskin to the two original ones.) All this having been said, I apologize for not having taken advantage of the notes of Cook and Wedderburn, and also express my admiration for this truly definitive edition of Ruskin, which will be of such great interest to all Ruskinians.

2. What we called a village, I do not know why, was a county seat, which according to the Guide Joanne had nearly three thousand inhabitants.

3. I confess that a certain use of the imperfect indicative—that cruel tense which represents life to us as something ephemeral and passive at the same time, which at the very moment it retraces our actions stamps them with illusion, annihilating them in the past without leaving to us, as the perfect tense does, the consolation of activity—has remained for me an inexhaustible source of mysterious sadness. Even today I can have been thinking calmly for hours about death; it is enough for me to open a volume of Sainte-Beuve's *Lundis* and come across, for instance, this sentence of Lamartine (about Madame d'Albany): "Nothing *recalled* in her at that time. . . . She *was* a small woman whose figure sinking a little under her weight had lost, etc.," to feel myself immediately

époque. . . *C'était* une petite femme dont la taille un peu affaissée sous son poids avait perdu, etc.» pour me sentir aussitôt envahi par la plus profonde mélancolie.—Dans les romans, l'intention de faire de la peine est si visible chez l'auteur qu'on se raidit un peu plus.

4. On peut l'essayer, par une sorte de détour, pour les livres qui ne sont pas d'imagination pure et où il y a un substratum historique. Balzac, par exemple, dont l'œuvre en quelque sorte impure est mêlée d'esprit et de réalité trop peu transformée, se prête parfois singulièrement à ce genre de lecture. Ou du moins il a trouvé le plus admirable de ces «lecteurs historiques» en M. Albert Sorel qui a écrit sur «une Ténébreuse Affaire» et sur «l'Envers de l'Histoire Contemporaine» d'incomparables essais. Combien la lecture, au reste, cette jouissance à la fois ardente et rassise, semble bien convenir à M. Sorel, à cet esprit chercheur, à ce corps calme et puissant, la lecture, pendant laquelle les mille sensations de poésie et de bien-être confus qui s'envolent avec allégresse du fond de la bonne santé viennent composer autour de la rêverie du lecteur un plaisir doux et doré comme le miel.—Cet art d'ailleurs d'enfermer tant d'originales et fortes méditations dans une lecture, ce n'est pas qu'à propos d'œuvres à demi historiques que M. Sorel l'a porté à cette perfection. Je me souviendrai toujours—et avec quelle reconnaissance—que la traduction de la Bible d'Amiens a été pour lui le sujet des plus puissantes pages peut-être qu'il ait jamais écrites.

5. Cet ouvrage fut ensuite augmenté par l'addition aux deux premières conférences d'une troisième: «The Mystery of Life and its Arts». Les éditions populaires continuèrent à ne contenir que «des Trésors des Rois» et «des Jardins des Reines». Nous n'avons traduit, dans le présent volume, que ces deux conférences, et sans les faire précéder d'aucune des préfaces que Ruskin écrivit, pour «Sésame et les Lys». Les dimensions de ce volume et l'abondance de notre propre Commentaire ne nous ont pas permis de mieux faire. Sauf pour quatre d'entre elles (Smith, Elder et Cie) les nombreuses éditions de «Sésame et les Lys» ont toutes paru chez Georges Allen, l'illustre éditeur de toute l'œuvre de Ruskin, le maître de Ruskin House.

6. *Sésame et les Lys, Des Trésors des Rois*, 6.

invaded by the most profound melancholy. In novels, the intent to cause pain is so apparent with some authors that one hardens oneself against it a little more.

4. One may try it, by a kind of detour, with books which are not of pure imagination and where there is a historical substratum. Balzac, for instance, whose work to some degree is an impure mixture of spirit and reality insufficiently transformed, lends himself singularly at times to this kind of reading. Or at least he has found the most admirable of those "historical readers" in Mr. Albert Sorel, who has written incomparable essays on *"Une Ténébreuse Affaire"* and on *"l'Envers de l'Histoire Contemporaine."* How much, moreover, does reading, that delight at once ardent and calm, seem to be suited to Mr. Sorel, to that searching mind, that body calm and powerful—reading, during which the thousand sensations of poetry and of obscure well-being which take wing joyfully from the depth of good health come to compose around the reader's reverie a pleasure sweet and golden as honey. Besides, this art of enclosing in a reading so many original and strong meditations—it is not only in regard to semihistorical works that Mr. Sorel has brought it to perfection. I shall always remember—and with what gratitude—that the translation of the *Bible of Amiens* has been for him the subject of the most powerful pages he may perhaps have ever written. [Ed. Note: Albert Sorel (1842–1906), the historian, had had Proust as a student at the Ecole des Sciences Politiques in 1890, and when Proust published his first volume of Ruskin translations, *La Bible d'Amiens*, he did Proust the good turn of writing a long, enthusiastic review of the book in the influential Paris newspaper, *Le Temps*, on July 11, 1904. Sorel's description of Proust's style is the first and still one of the most accurate.]

5. This work was later enlarged by the addition to the first two lectures of a third one: "The Mystery of Life and Its Arts." The popular editions continued to contain "Of Kings' Treasuries" and "Of Queens' Gardens" only. In the present volume, we have translated only these two lectures and without having them preceded by any of the prefaces which Ruskin wrote for *Sesame and Lilies*. The dimensions of this volume and the abundance of our own commentary have not allowed us to do better. The numerous editions of *Sesame and Lilies*, except four of them (Smith, Elder and Co.), were all published by George Allen, the distinguished publisher of all Ruskin's works, the master of Ruskin House.

6. *Sesame and Lilies*, "Of Kings' Treasuries," p. 6. [Ed. Note: As

7. En réalité, cette phrase ne se trouve pas, au moins sous cette forme, dans *le Capitaine Fracasse*. Au lieu de «ainsi qu'il appert en l'Odyssée d'Homerus, poète grégeois», il y a simplement «suivant Homerus». Mais comme les expressions «il appert d'Homerus», «il appert de l'Odyssée», qui se trouvent ailleurs dans le même ouvrage, me donnaient un plaisir de même qualité, je me suis permis, pour que l'exemple fût plus frappant pour le lecteur, de fondre toutes ces beautés en une, aujourd'hui que je n'ai plus pour elles, à vrai dire, de respect religieux. Ailleurs encore dans *le Capitaine Fracasse*, Homerus est qualifié de poète grégeois, et je ne doute pas que cela aussi m'enchantât. Toutefois, je ne suis plus capable de retrouver avec assez d'exactitude ces joies oubliées pour être assuré que je n'ai pas forcé la note et dépassé la mesure en accumulant en une seule phrase tant de merveilles! Je ne le crois pas pourtant. Et je pense avec regret que l'exaltation avec laquelle je répétais la phrase du *Capitaine Fracasse* aux iris et aux pervenches penchés au bord de la rivière, en piétinant les cailloux de l'allée, aurait été plus délicieuse encore si j'avais pu trouver en une seule phrase de Gautier tant de ses charmes que mon propre artifice réunit aujourd'hui, sans parvenir, hélas! à me donner aucun plaisir.

8. Je la sens en germe chez Fontanes, dont Sainte-Beuve a dit: «Ce côté épicurien était bien fort chez lui . . . sans ces habitudes un peu matérielles, Fontanes, avec son talent, aurait produit bien davantage . . . et des œuvres plus durables.» Notez que l'impuissant prétend toujours qu'il ne l'est pas. Fontanes dit:

> «Je perds mon temps s'il faut les croire,
> Eux seuls du siècle sont l'honneur»

et assure qu'il travaille beaucoup.

Le cas de Coleridge est déjà plus pathologique. «Aucun homme de son temps, ni peut-être d'aucun temps, dit Carpenter (cité par M. Ribot dans son beau livre sur les Maladies de la Volonté), n'a

he acknowledges later in this Preface, Proust did not follow to the letter the texts he quoted. Rather, he chose what he wanted from them, sometimes without indicating his omissions. We have, in turn, followed Proust's "quotations" without restoring the omitted portions from the original source. The complete passage from *Sesame and Lilies*, which Proust abbreviates here, can be found in Vol. XVIII, pp. 58–59, of the Library Edition. We have quoted here those parts of Ruskin's English text which correspond to Proust's translation of them.]

7 Actually, this sentence is not found, at least in this form, in *le Capitaine Fracasse*. Instead of "as it appears in the Odyssey of Homer, poet of Greek fire," there is simply "according to Homer." But since the expressions "it appears from Homer," "it appears from the Odyssey," which are found elsewhere in the same book, gave me a pleasure of the same quality, I have taken the liberty, so that the example might be more striking for the reader, of fusing all these beauties into one, now that, strictly speaking, I no longer have a religious respect for them. Elsewhere in *le Capitaine Fracasse* Homer is qualified as poet of Greek fire, and I have no doubt that this too enchanted me. However, I am no longer able to bring back accurately enough those forgotten joys to be assured I have not exaggerated and gone too far in accumulating so many wonders in one single sentence! Yet I do not believe so. And I think with regret that the exaltation with which I repeated the sentence from *le Capitaine Fracasse* to the irises and periwinkles leaning at the river's edge, while I trampled underfoot the stones of the path, would have been still more delicious had I been able to find in a single sentence by Gautier so many charms which my own artifice gathers together today without, alas, succeeding in giving me any pleasure.

8. I feel it inherently in Fontanes, of whom Sainte-Beuve has said: "This epicurean side was strongly marked in him ... without those rather materialistic habits, Fontanes, with his talent, would have produced much more ... and also more lasting works." Note that the impotent always pretends that he is not. Fontanes says:

> If they are to be believed, I am wasting my time;
> They alone are the honor of the century.*

The case of Coleridge is still more pathological. "No man of his time, or perhaps of any time," says Carpenter (quoted by Ribot in his fine book on the Diseases of the Will) "joined together more

---

*Tr. by the editors

réuni plus que Coleridge la puissance du raisonnement du philoso-
phe, l'imagination du poète, etc. Et pourtant, il n'y a personne qui,
étant doué d'aussi remarquables talents, en ait tiré si peu; le grand
défaut de son caractère était le manque de volonté pour mettre ses
dons naturels à profit, si bien qu'ayant toujours flottant dans
l'esprit de gigantesques projets, il n'a jamais essayé sérieusement
d'en exécuter un seul. Ainsi, dès le début de sa carrière, il trouva un
libraire généreux qui lui promit trente guinées pour des poèmes
qu'il avait récités, etc. Il préféra venir toutes les semaines mendier
sans fournir une seule ligne de ce poème qu'il n'aurait eu qu'à
écrire pour se libérer.»

9. Je n'ai pas besoin de dire qu'il serait inutile de chercher ce
couvent près d'Utrecht et que tout ce morceau est de pure imagination. Il m'a pourtant été suggéré par les lignes suivantes de M.
Léon Séché dans son ouvrage sur Sainte-Beuve: «Il (Sainte-Beuve)
s'avisa un jour, pendant qu'il était à Liège, de prendre langue avec
la petite église d'Utrecht. C'était un peu tard, mais Utrecht était
bien loin de Paris et je ne sais pas si *Volupté* aurait suffi à lui ouvrir
à deux battants les archives d'Amersfoort. J'en doute un peu, car
même après les deux premiers volumes de son *Port-Royal*, le pieux
savant qui avait alors la garde de ces archives, etc. Sainte-Beuve
obtint avec peine du bon M. Karsten la permission d'entre-bâiller
certains cartons. . . Ouvrez la deuxième édition de *Port-Royal* et
vous verrez la reconnaissance que Sainte Beuve témoigna à M.
Karsten» (Léon Séché, *Sainte-Beuve*, tome I, pages 229 et suivantes).
Quant aux détails du voyage, ils reposent tous sur des impressions
vraies. Je ne sais si on passe par Dordrecht pour aller à Utrecht,
mais c'est bien telle que je l'ai vue que j'ai décrit Dordrecht. Ce
n'est pas en allant à Utrecht, mais à Vollendam, que j'ai voyagé en
coche d'eau, entre les roseaux. Le canal que j'ai placé à Utrecht est
à Delft. J'ai vu à l'hôpital de Beaune un Van der Weyden, et des
religieuses d'un ordre venu, je crois, des Flandres, qui portent

than Coleridge the reasoning powers of the philosopher, the imagination of the poet, etc. . . . And yet there is probably no man who, endowed with such remarkable gifts, has accomplished so little with them; the great defect of his character was the lack of will to turn his natural gifts to account; so that, with numerous gigantic projects constantly floating in his mind, he never brought himself seriously to attempt to execute any one of them. Thus, at the very outset of his career, he found a generous bookseller who promised him thirty guineas for poems he had recited, etc. He preferred to come week after week to beg without supplying a line of that poetry which he would only have had to write down in order to free himself." [Ed. Note: *Cf.* Th. Ribot, *The Diseases of the Will,* tr. by Mervin-Marie Snell (Chicago: The Open Court Publishing Co., 1894), pp. 72–73. Again, Proust has omitted certain portions from this quotation as it appears in Ribot. We have not corrected, so to speak, Proust's abridgment. At the time of writing *"Sur la lecture"* in the early months of 1905, Proust was worried about the condition of his own will and was reading various books on psychoneurosis, among them the one he mentions here by Théodule Armand Ribot (1839–1916), the French psychologist and pioneer in this field of medicine.]

9. I need not say that it would be useless to look for such a convent near Utrecht, and that this bit is purely imaginary. It was, however, suggested to me by the following lines of Léon Séché in his book on Sainte-Beuve: "One day, while in Liège, he [Sainte-Beuve] ventured to parley with the little church of Utrecht. It was rather late, but Utrecht was far from Paris, and I do not know whether *Volupté* [a novel by Sainte-Beuve] would have sufficed to open for him, after two knocks, the Amersfoort archives. I have some doubt about it, for even after the first two volumes of his *Port-Royal,* the pious scholar who had charge of those archives, etc. With difficulty, Sainte-Beuve secured from the good Master Karsten permission to half-open certain portfolios. . . . Open the second edition of *Port-Royal* and see the gratitude expressed by Sainte-Beuve to Master Karsten." (Léon Séché, *Sainte-Beuve,* Vol. I, pp. 229 et seq.) As for the details of the trip, they are all based on true impressions. I do not know whether one passes by Dordrecht to go to Utrecht, but it is indeed just as I have seen it that I have described Dordrecht. It was not in going to Utrecht, but at Vollendam, that I traveled by canal boat among the reeds. The channel I placed in Utrecht is in Delft. At the hospital of Beaune I saw a van der Weyden, and nuns of an order, I think, from Flan-

encore la même coiffe non que dans le Roger Van der Weyden, mais que dans d'autres tableaux vus en Hollande.

10. Le snobisme pur est plus innocent. Se plaire dans la société de quelqu'un parce qu'il a eu un ancêtre aux croisades, c'est de la vanité, l'intelligence n'a rien à voir à cela. Mais se plaire dans la société de quelqu'un parce que le nom de son grand-père se retrouve souvent dans Alfred de Vigny ou dans Chateaubriand, ou (séduction vraiment irrésistible pour moi, je l'avoue) avoir le blason de sa famille (il s'agit d'une femme bien digne d'être admirée sans cela) dans la grande Rose de Notre-Dame d'Amiens, voilà où le péché intellectuel commence. Je l'ai du reste analysé trop longuement ailleurs, quoiqu'il me reste beaucoup à en dire, pour avoir à y insister autrement ici.

11. Paul Stapfer: *Souvenirs sur Victor Hugo*, parus dans *la Revue de Paris*.

12. Schopenhauer, *le Monde comme Représentation et comme Volonté* (chapitre de la Vanité et des Souffrances de la Vie).

13. «Je regrette d'avoir passé par Chartres sans avoir pu voir la cathédrale.» (*Voyage en Espagne*, p. 2.)

14. Il devint, me dit-on, le célèbre amiral de Tinan, père de Mme Pochet de Tinan, dont le nom est resté cher aux artistes, et le grand-père du brillant capitaine de cavalerie. —C'est lui aussi, je pense, qui devant Gaëte assura quelque temps le ravitaillement et les communications de François II et de la Reine de Naples. Voir Pierre de la Gorce, *Histoire du second Empire*.

15. La distinction vraie, du reste, feint toujours de ne s'adresser qu'à des personnes distinguées qui connaissent les mêmes usages, et elle n' «explique» pas. Un livre d'Anatole France sous-entend une foule de connaissances érudites, renferme de perpétuelles allusions que le vulgaire n'y aperçoit pas et qui en font, en dehors de ses autres beautés, l'incomparable noblesse.

ders, who still wear the same headdress, not as in the Roger van der Weyden, but as in other paintings seen in Holland.

10. Pure snobbery is more innocent. To delight in the company of someone because he had an ancestor in the Crusades, that is vanity; intelligence has nothing to do with that. But to delight in the company of someone because his grandfather's name is often found in Alfred de Vigny or Chateaubriand, or (an irresistible seduction for me, I admit) to have one's family coat-of-arms (the reference is to a woman quite worthy of being admired without that) in the great rose window of Notre-Dame d'Amiens, there is where intellectual sin starts. Besides, I have analyzed it at too great length elsewhere, though I still have much to say about it, to have to overly insist on it here. [Ed. Note: By "elsewhere" Proust is undoubtedly referring to his analysis of "idolatry," synonymous in his vocabulary with "snobbery," in the fourth and last section of his Preface to his translation of Ruskin's *The Bible of Amiens*. See *La Bible d'Amiens;* Traduction, Notes et Préface par Marcel Proust. Paris, 1904, pp. 86–90.]

11. Paul Stapfer, *Souvenirs sur Victor Hugo*, published in the *Revue de Paris*.

12. Schopenhauer, *The World as Will and Representation* (chapter on the Vanity and Suffering of Life). [Ed. Note: The full text of this passage from Schopenhauer, in the English translation by E. F. J. Payne which we have used here, can be found in Vol. II, pp. 585–586, of The Falcon's Wing Press edition, 1958. Proust indicates his abbreviations, in his usual manner, by an *etc.* We have added only one word, which he must have dropped inadvertently, from the line by Theognis.]

13. "I regret having passed through Chartres without having been able to visit the cathedral." *Voyage en Espagne*, p. 2.

14. I am told that he became the famous Admiral de Tinan, father of Madame Pochet de Tinan, whose name has remained dear to artists, and the grandfather of the brilliant cavalry officer. It is he also, I think, who before Gaeta assured for some time the supplies and communications of Francis II and the Queen of Naples. See Pierre de la Gorce, *Histoire du Second Empire*.

15. True distinction, besides, always pretends to address itself only to distinguished persons who know the same customs, and does not "explain." A book by Anatole France implies a multitude of erudite ideas, contains perpetual allusions which common people do not notice, and which, aside from its other beauties, account for its incomparable nobility.

16. C'est pour cela sans doute que souvent, quand un grand écrivain fait de la critique, il parle beaucoup des éditions qu'on donne d'ouvrages anciens, et très peu des livres contemporains. Exemple les *Lundis* de Sainte-Beuve et la *Vie littéraire* d'Anatole France. Mais tandis que M. Anatole France juge à merveille ses contemporains, on peut dire que Sainte-Beuve a méconnu tous les grands écrivains de son temps. Et qu'on n'objecte pas qu'il était aveuglé par des haines personnelles. Après avoir incroyablement rabaissé le romancier chez Stendhal, il célèbre, en manière de compensation, la modestie, les procédés délicats de l'homme, comme s'il n'y avait rien d'autre de favorable à en dire! Cette cécité de Sainte-Beuve, en ce qui concerne son époque, contraste singulièrement avec ses prétentions à la clairvoyance, à la prescience. «Tout le monde est fort, dit-il dans *Chateaubriand et son groupe littéraire*, à prononcer sur Racine et Bossuet . . . Mais la sagacité du juge, la perspicacité du critique, se prouve surtout sur des écrits neufs, non encore essayés du public. Juger à première vue, deviner, devancer, voilà le don critique. Combien peu le possèdent.»

17. Et, réciproquement, les classiques n'ont pas de meilleurs commentateurs que les «romantiques». Seuls, en effet, les romantiques savent lire les ouvrages classiques, parce qu'ils les lisent comme ils ont été écrits, romantiquement, parce que, pour bien lire un poète ou un prosateur, il faut être soi-même, non pas érudit, mais poète ou prosateur. Cela est vrai pour les ouvrages les moins «romantiques». Les beaux vers de Boileau, ce ne sont pas les professeurs de rhétorique qui nous les ont signalés, c'est Victor Hugo :

> «Et dans quatre mouchoirs de sa beauté salis
> Envoie au blanchisseur ses roses et ses lys.»

C'est M. Anatole France :

> «L'ignorance et l'erreur à ses naissantes pièces
> En habits de marquis, en robes de comtesses.»

Le dernier numéro de *la Renaissance latine* (15 mai 1905) me permet, au moment où je corrige ces épreuves, d'étendre, par un nouvel exemple, cette remarque aux beaux-arts. Elle nous montre, en effet, dans M. Rodin (article de M. Mauclair), le véritable commentateur de la statuaire grecque.

16. That is doubtless why often when a great writer engages in literary criticism, he speaks a great deal about the editions of classics being published, and very little about contemporary books. For example, Sainte-Beuve's *Lundis* and Anatole France's *Vie littéraire*. But while Anatole France judges his contemporaries admirably well, one may say that Sainte-Beuve did not appreciate any of the great writers of his time. And let it not be objected that he was blinded by personal hatreds. Having incredibly depreciated the novelist in Stendhal, he praised, by way of compensation, the modesty, the delicate technique of the man, as if there were nothing else favorable to say about him! This blindness of Sainte-Beuve in regard to his time contrasts singularly with his pretension to insight, to foreknowledge. "Everyone is able," he says in his *Chateaubriand et son groupe littéraire*, "to pronounce on Racine and Bossuet. . . . But the sagacity of the judge, the perspicacity of the critic, is proved mostly with new works, not yet tested by the public. To judge at first sight, to divine, to anticipate, that is the gift of the critic. How few have it."

17. And, conversely, the classicists have no better commentators than the "romantics." In fact, the romantics alone know how to read classical works, because they read them as they have been written, romantically, because in order to read a poet or a prose writer well, one has to be oneself not a scholar, but a poet or a prose writer. This is true for the least "romantic" works. It is not professors of rhetoric who called the beautiful verses of Boileau to our attention, it is Victor Hugo:

> And in four handkerchiefs soiled with her beauty
> Sends to the laundryman her roses and her lilies.*

[Ed. Note: Boileau's imagery here reflects the custom at the time, the seventeenth century, of ladies wearing handkerchiefs in the bosoms of their dresses. Roses and lilies were both rather standard symbols for feminine sexual charms in the poetry of the period.]

It is Anatole France:

> Ignorance and delusion at their newborn comedies
> In uniforms of Counts, in gowns of Countesses.*

The latest issue of the *Renaissance latine* (May 15, 1905) enables me, as I am correcting these proofs, to extend this remark to the fine arts, by a new example. It shows us, in fact, in Rodin (article by Mauclair) the true commentator on Greek statuary.

---

*Tr. by the editors

18. Prédilection qu'eux-mêmes croient généralement fortuite; ils supposent que les plus beaux livres se trouvent par hasard avoir été écrits par les auteurs anciens; et sans doute cela peut arriver puisque les livres anciens que nous lisons sont choisis dans le passé tout entier, si vaste auprès de l'époque contemporaine. Mais une raison en quelque sorte accidentelle ne peut suffire à expliquer une attitude d'esprit si générale.

19. Je crois par exemple que le charme qu'on a l'habitude de trouver à ces vers d'Andromaque:

> «Pourquoi l'assassiner? Qu'a-t-il fait? A quel titre?,
> «Qui te l'a dit?»

vient précisément de ce que le lien habituel de la syntaxe est volontairement rompu. «A quel titre?» se rapporte, non pas à «Qu'a-t-il fait?» qui le précède immédiatement, mais à «Pourquoi l'assassiner? Et «Qui te l'a dit?» se rapporte aussi à «assassiner». (On peut, se rappelant un autre vers d'Andromaque: «Qui vous l'a dit, seigneur, qu'il me méprise?» supposer que: «Qui te l'a dit?» est pour «Qui te l'a dit, de l'assassiner?».) Zigzags de l'expression (la ligne récurrente et brisée dont je parle ci-dessus) qui ne laissent pas d'obscurcir un peu le sens, si bien que j'ai entendu une grande actrice plus soucieuse de la clarté du discours que de l'exactitude de la prosodie dire carrément: «Pourquoi l'assassiner? A quel titre? Qu'a-t-il fait?» Les plus célèbres vers de Racine le sont en réalité parce qu'ils charment ainsi par quelque audace familière de langage jetée comme un pont hardi entre deux rives de douceur. «Je t'aimais inconstant, *qu'aurais-je fait* fidèle.» Et quel plaisir cause la belle rencontre de ces expressions dont la simplicité presque commune donne au sens, comme à certains visages dans Mantegna, une si douce plénitude, de si belles couleurs:

> «Et dans un fol amour ma jeunesse *embarquée*» . . .

> «Réunissons trois cœurs qui n'ont pu *s'accorder*».

Et c'est pourquoi il convient de lire les écrivains classiques dans le texte, et non de se contenter de morceaux choisis. Les pages illustres des écrivains sont souvent celles où cette contexture intime de leur langage est dissimulée par la beauté, d'un caractère presque universel, du morceau. Je ne crois pas que l'essence particulière de la musique de Gluck se trahisse autant dans tel air sublime que dans telle cadence de ses récitatifs où l'harmonie est

18. A predilection which they themselves generally believe accidental; they suppose that the most beautiful books happen by chance to have been written by the authors of antiquity; and no doubt this may happen, since the ancient books we read are chosen from the whole past, so vast compared to the contemporary period. But a reason in some way accidental cannot suffice to explain so general an attitude of mind.

19. For example, I believe that the fascination one is accustomed to find in these lines from *Andromaque:*

> Why did you kill him? What did he do? By what right?
> Who told you?

comes precisely from the fact that the habitual syntactical link is intentionally broken. [Ed. Note: *Andromaque*, V, 3. Though to translate these lines by Racine and the ones to follow into English is to interfere somewhat with Proust's particular attention in this Note to their unusual French syntax, nevertheless for readers who may not know French, it was felt that a translation would at least save Proust's Note from incoherence.] "By what right?" refers not to "What did he do?", which immediately precedes, but to "Why did you kill him?" And "Who told you?" refers also to "kill." (Recalling another line from *Andromaque:* "Who told you, sir, that he scorns me?" [Ed. Note: *Andromaque*, II, 2.] one may suppose that "Who told you?" goes with "Who told you, to kill him?") Zigzags of diction (the recurrent and broken line I am speaking of above) which somewhat obscure the sense, so that I have heard a great actress, more concerned with clarity of meaning than precision of prosody, say flatly: "Why did you kill him? By what right? What did he do?" The most famous lines of Racine are actually so because they thus charm by some familiar audacity of language thrown like a bold bridge between two banks of sweetness. "I loved you faithless, what would I have done faithful?" [Ed. Note: *Andromaque*, IV, 5.] And what pleasure is produced by the beautiful encounter of those expressions whose almost common simplicity gives the meaning, as to certain faces by Mantegna, so sweet a plentitude, such beautiful colors:

> And on a rash infatuation my youth set sail . . .
> [Ed. Note: *Phèdre*, I, 1.]

> Let us reunite three hearts that could not agree.
> [Ed. Note: *Andromaque*, V, 5.]

comme le son même de la voix de son génie quand elle retombe sur une intonation involontaire où est marquée toute sa gravité naïve et sa distinction, chaque fois qu'on l'entend pour ainsi dire reprendre haleine. Qui a vu des photographies de Saint-Marc de Venise peut croire (et je ne parle pourtant que de l'extérieur du monument) qu'il a une idée de cette église à coupoles, alors que c'est seulement en approchant, jusqu'à pouvoir les toucher avec la main, le rideau diapré de ces colonnes riantes, c'est seulement en voyant la puissance étrange et grave qui enroule des feuilles ou perche des oiseaux dans ces chapiteaux qu'on ne peut distinguer que de près, c'est seulement en ayant sur la place même l'impression de ce monument bas, tout en longueur de façade, avec ses mâts fleuris et son décor de fête, son aspect de «palais d'exposition», qu'on sent éclater dans ces traits significatifs mais accessoires et qu'aucune photographie ne retient, sa véritable et complexe individualité.

20. «Et Marie dit: «Mon âme exalte le Seigneur et se réjouit en Dieu, mon Sauveur, etc . . .—» Zacharie son père fut rempli du Saint-Esprit et il prophétisa en ces mots: «Béni soit le Seigneur, le Dieu d'Israel de ce qu'il a racheté, etc . . .» «Il la reçut dans ses bras, bénit Dieu et dit: «Maintenant, Seigneur, tu laisses ton serviteur s'en aller en paix . . .»

21. A vrai dire aucun témoignage positif ne me permet d'affirmer que dans ces lectures le récitant chantât les sortes de psaumes que saint Luc a introduits dans son évangile. Mais il me semble que cela ressort suffisamment du rapprochement de différents passages de Renan et notamment de Saint-Paul, pp. 257 et suiv.; les Apôtres, pp. 99 et 100; Marc-Aurèle, pp. 502, 503, etc.

And that is why one must read the classic writers in complete texts, and not be contented with selected passages. The famous pages of writers are often those where this intimate structure of their language is concealed by the beauty, of an almost universal character, of the fragment. I do not believe that the particular essence of Gluck's music is manifested as much in a certain sublime melody as in the cadence of his recitatives, where harmony is as the very sound of the voice of his genius, when it falls back on an involuntary intonation where all its simple gravity and its distinction are evident, every time one hears him recover his breath, so to speak. Anyone who has seen photographs of Saint Mark's in Venice may believe (and I do not speak only of the exterior of the monument) that he has an idea of that church with cupolas, when it is only by approaching, till one can touch them with the hand, the varicolored curtain of those smiling columns, it is only when seeing the grave and strange power which coils leaves or perches birds in those capitals that one can distinguish only when near, it is only by having on the very same square the impression of that low monument, the whole length of facade, with its flowery masts and festive decoration, its aspect of the "exhibition palace," that one feels its true and complex individuality manifest itself in these significant but accessory traits, and which no photograph retains.

20. "And Mary said: 'My soul doth magnify the Lord, and my spirit has rejoiced in God my Saviour, etc. . . .' " "And his father Zacharias was filled with the Holy Spirit and prophesied, saying: 'Blessed be the Lord, the God of Israel; For he hath wrought redemption for his people, etc. . . .' " "He received him into his arms, and blessed God, and said: 'Now lettest thou thy servant depart, Lord, in peace. . . .' " [Ed. Note: *cf.* Luke 1: 67–68; 2: 28–29]

21. To tell the truth, no positive evidence permits me to affirm that in those readings the speaker might sing the kind of psalms Luke introduced in his Gospel. But it seems to me that this sufficiently stands out in the comparison of various passages by Renan, and mainly in *Saint Paul*, pp. 257 et seq.; the *Apostles*, pp. 99–100, and *Marcus Aurelius*, pp. 502–503, etc. [Ed. Note: Proust is referring to volumes of Ernest Renan's work, *Origines du Christianisme*, published between 1863 and 1881.]